DIEU PARLE A SES ENFANTS

Textes Bibliques

Edité par
l'Oeuvre Catholique Internationale
«Aide à l'Eglise en Détresse»

EDITORIAL VERBO DIVINO
Avda. de Pamplona 41
31200 ESTELLA (Navarra) - Espagne
1990

ILUSTRATIONS:
Couverture:
Le fils prodigue (chap. 73)

Dos de la couverture:
La fuite en Egypte (chap. 50)
La transfiguration (chap. 67)
Jésus ressuscite le fils de la veuve de Naïn (chap. 62)
La dernière cène (chap. 80)

Textes: *Eleonore Beck.* Dessins: *Miren Sorne.* Traduction: *Didier Rance.* © Droits exclusifs: Kirche in Not, Postfach 1209 D-6240-Königstein, République Fédérale d'Allemagne. © Editorial Verbo Divino, 1989. Cum licencia ecclesiastica. Imprimé en Espagne. Photocomposition. Cometip, S.L., Plaza de los Fueros, 4.31010 Barañain (Navarra). Impression: Mateu Cromo, S.A., 28320 Pinto (Madrid).

Depósito Legal: M. 12.235-1990

ISBN 84 7151 659-4

Edición en francés (Bf/1)

LIVRES DE L'ANCIEN TESTAMENT

AU COMMENCEMENT

1. Dieu crée le monde

Au commencement, Dieu créa le ciel et la terre. La terre était vide et déserte. L'Esprit de Dieu planait au-dessus des eaux.

Alors Dieu dit: «Que la lumière soit!» Et la lumière se mit à briller. Dieu vit que la lumière était bonne. Il sépara la lumière de l'obscurité. Il dit à la lumière: «Tu es le jour». Et il dit à l'obscurité: «Tu es la nuit». Ce fut le premier jour.

Dieu dit: «Que les nuages se rassemblent dans le ciel et qu'ils arrosent la terre de leur pluie». Dieu dit à ce qui est au-dessus: «Tu es le ciel». Ce fut le deuxième jour.

Dieu dit: «Que les eaux se réunissent afin que la terre ferme apparaisse». Dieu dit à la terre ferme: «Tu es la terre».Et Dieu dit aux eaux assemblées: «Tu es la mer». Dieu vit que cela était bon.

Dieu dit: «Que la terre produise toutes sortes de plantes et d'arbres». Alors les plantes poussèrent avec leur verdure. Dieu vit que cela était bon. Ce fut le troisième jour.

Dieu dit: «Que des lumières rayonnent dans le ciel: le soleil pour le jour, la lune et les étoiles pour la nuit. Ainsi on connaîtra les temps: le jour et la nuit, les semaines, les mois et les saisons». Dieu vit que cela était bon. Ce fut le quatrième jour.

Dieu dit: «Qu'il y ait des poissons qui nagent dans l'eau et qu'il y ait des oiseaux qui volent au-dessus de la terre. Qu'il y ait toutes sortes d'animaux, grands et petits, pour vivre sur la terre». Il en fut ainsi. Dieu vit que cela était bon. Ce fut le cinquième jour.

Puis Dieu dit: «Faisons les hommes à notre image, qu'ils nous ressemblent. Je veux leur confier la terre , tous les poissons, les oiseaux, les animaux et les plantes». Dieu créa l'homme à son image. Il les créa homme et femme. Il les bénit et leur dit: «Soyez féconds et multipliez-vous. Je vous confie la terre. Vous êtes plus que des poissons, des oiseaux, des animaux et des plantes. Prenez-en soin. Les plantes seront votre nourriture et celle des animaux». Dieu vit tout ce qu'il avait fait: c'était très bon. Ce fut le sixième jour.

Dieu créa l'univers en six jours: le ciel, la terre, la mer et tout ce qui vit. Le septième jour, Dieu se reposa. C'est pourquoi le septième jour est un jour béni, un jour sacré pour les hommes. (Gen 1)

2. Le Paradis: cadeau de Dieu aux hommes

Dieu modela le premier homme, Adam, à partir de la glaise du sol et lui insuffla une haleine de vie. Ainsi l'homme devint un être vivant.

Dieu planta ensuite un jardin en Eden. Il y fit pousser toutes sortes d'arbres. Ils étaient beaux à voir et leurs fruits avaient un goût délicieux. Au milieu du jardin poussait l'arbre de la vie et de la connaissance du bien et du mal.

Dieu conduisit Adam, qu'il avait créé, dans ce jardin, pour qu'il le cultive et le garde. Il lui dit: «Tu peux manger les fruits de tous les arbres du jardin. Mais tu ne dois pas manger les fruits de l'arbre de la connaissance du bien et du mal car si tu en manges, tu mourras».

Dieu ne voulait pas que l'homme reste seul. Aussi il conduisit tous les animaux et tous les oiseaux devant Adam qui leur donna un nom à chacun. Mais aucun ne lui convenait vraiment. Alors, Dieu fit tomber l'homme dans un profond sommeil, prit l'une de ses côtes et en fit une femme. En la voyant Adam dit: «Elle est vraiment comme moi. On va l'appeler «femme» car elle a été tirée de moi». L'homme et la femme étaient nus. Mais ils n'avaient pas honte l'un devant l'autre. (Gen 2)

3. Les hommes perdent le Paradis

L'homme et la femme vivaient dans le jardin que Dieu leur avait confié. Il y avait à manger en suffisance. Ils vivaient en paix avec les animaux et ils étaient heureux, car Dieu était leur ami. Tout était bien. Mais il arriva que le serpent dit à la femme: «Dieu vous a-t-il vraiment défendu de manger les fruits d'un arbre quelconque?» La femme répondit: «Pas du tout! Nous pouvons manger les fruits de tous les arbres du jardin. Il n'y a qu'un seul arbre dont nous ne pouvons pas manger, c'est celui qui est au milieu du jardin. Sinon nous mourrons. Non, dit le serpent, vous ne mourrez pas. Au contraire, vos yeux s'ouvriront. Vous saurez ce qui est bien et ce qui est mal, exactement comme Dieu».

La femme vit que les fruits de l'arbre étaient bons à manger et qu'ils pouvaient la rendre intelligente. Elle en prit, en mangea et en donna à son mari. Leurs yeux s'ouvrirent alors et ils remarquèrent qu'ils étaient nus. C'est pourquoi ils se tressèrent un pagne avec des feuilles de figuier. Le soir, ils entendirent le pas de Dieu dans le jardin et ils se cachèrent. Mais Dieu appela l'homme: «Où es-tu?» Adam répondit: «J'ai entendu ton pas et j'ai eu peur. Je me suis caché parce que je suis nu». Dieu demanda: «Comment le sais-tu? As-tu mangé du fruit de l'arbre que je t'ai défendu?» Adam reporta la faute sur la femme: «Elle m'en a donné à manger». Et la femme accusa le serpent: «Il m'a séduite».

Dieu dit alors au serpent: «Tu es maudit, parce que tu as fait cela. Tu ramperas sur le ventre et tu mangeras de la poussière. La femme sera ton ennemie. Ses enfants seront les ennemis de tes enfants. Ils vous écraseront la tête et vous, vous les mordrez au talon».

Dieu dit à la femme: «Ta vie sera dure et tu accoucheras dans la douleur». Dieu dit à l'homme: «Tu as désobéi à mon commandement, tu verras que la terre n'est pas un paradis. Tu devras travailler durement jusqu'à ta mort pour ne pas avoir faim, ni toi, ni ta

famille. Puis tu retourneras à la terre dont je t'ai formé».

Adam appela sa femme Eve, ce qui veut dire vie. Elle est devenue la mère de tous les vivants. Le Seigneur Dieu chassa les hommes du paradis. Son gardien, avec une épée de feu, surveillait l'entrée du jardin et le chemin vers l'arbre de vie. (Gen 3)

4. Caïn et Abel

Adam et Eve eurent deux fils: Caïn et Abel. Abel devint berger et Caïn, cultivateur. Les champs de Caïn donnèrent beaucoup de blé. Il en prit pour faire une offrande à Dieu pour le remercier. Abel fit l'offrande d'un de ses agneaux. L'offrande d'Abel plut à Dieu, mais il ne fit pas attention à l'offrande de Caïn. Caïn en fut fâché et enragé. Dieu l'avertit: «Pourquoi es-tu fâché? Pourquoi regardes-tu fixement devant toi? Si tu as de bonnes intentions, tu peux regarder tout le monde dans les yeux. Si tu as de mauvaises intentions, le péché t'attend. Il te dévorera, mais tu peux le dominer».

Mais un jour Caïn dit à son frère: «Viens avec moi dans les champs». Quand ils arrivèrent dans les champs, Caïn tua son frère Abel. Dieu demanda à Caïn: «Où est Abel, ton frère?» Caïn répondit: «Je ne le sais pas, suis-je le gardien de mon frère?» Dieu lui dit alors: «Qu'as tu fait? Le sang de ton frère est tombé sur le sol. Tu ne seras plus cultivateur car la terre ne produira plus de fruits pour toi. Tu as perdu ton pays et tu iras comme un vagabond d'un endroit à l'autre sans repos».

Caïn se plaignit: «Ma punition est trop lourde. Tu me chasses des champs, loin de toi. Tu fais de moi un exilé sans foyer. Tout le monde pourra me tuer». Alors Dieu marqua le front de Caïn d'un signe pour le protéger. (Gen 4, 1-15)

5. Noé et le déluge

Dieu vit que, de plus en plus, les hommes qu'il avait créés à son image avaient de mauvaises intentions et faisaient du mal. La terre était remplie de violence. Il regretta d'avoir créé l'homme. Il dit: «Je veux exterminer l'homme que j'ai créé. L'homme, les animaux et tout ce qui vit sur la terre».

Noé était resté fidèle à Dieu. Pour cela, Dieu voulut sauver Noé et sa famille de ce châtiment. Il lui dit: «Fais-toi une arche en bois qui puisse flotter sur l'eau comme un grand bateau, car je vais envoyer un grand déluge sur la terre. Tout ce qui vit périra dans les eaux. Seuls, toi et ceux qui seront avec toi dans l'arche seront sauvés».

Noé, aidé par ses fils, commença à construire l'arche exactement comme Dieu l'avait dit: ils aménagèrent beaucoup de pièces sur le bateau, parce qu'ils devaient prendre un couple de tous les animaux avec eux. Dieu l'avait dit. Quand l'arche fut prête, Noé fit des provisions. Ensuite, il s'installa dans l'arche avec ses fils et leurs familles. Ils prirent avec eux un couple de tous les animaux. Dieu lui-même ferma la porte derrière eux.

Alors, il commença à pleuvoir. L'eau tombait du

ciel et inondait la terre. Elle montait et montait encore. Les animaux se noyèrent ainsi que les hommes, et les oiseaux ne trouvèrent plus d'arbres pour se poser. C'est comme cela que mourut tout ce qui vivait sur la terre. Seuls Noé et ceux qui étaient dans l'arche avec lui survécurent au déluge.

Finalement, au bout de quarante jours, il cessa de pleuvoir. Noé lâcha un corbeau, mais celui-ci revint bientôt. Une semaine plus tard, il libéra une colombe, mais elle revint aussi. Enfin une autre colombe, que Noé lâcha encore une semaine plus tard, revint vers l'arche avec une brindille d'olivier dans le bec. Peu de temps après, Dieu dit à Noé: «Tu peux sortir maintenant, toi et tous ceux qui ont été sauvés avec toi». Hommes et bêtes quittèrent donc l'arche. Une nouvelle vie commença pour tous. Noé remercia Dieu et lui fit une offrande.

Dieu dit alors à Noé: «Je veux conclure une alliance pour les hommes et pour tous les animaux. Vous pourrez vivre dans cette alliance, vous et vos enfants. Je vous promets que je n'enverrai plus jamais de déluge pour détruire la vie sur la terre». (Gen 6-9)

LES PATRIARCHES

6. Dieu appelle Abraham

Abraham était un berger. Dieu lui dit: «Va-t-en! Quitte ton pays, ta famille et la maison de ton père. Va dans le pays que je te montrerai. Je fais de toi un grand peuple. Je te bénis et je rends célèbre ton nom. Grâce à toi tous les hommes sauront ce que signifie être béni. A tous ceux qui te souhaiteront du bien, moi aussi je souhaiterai du bien. Tous ceux qui te souhaiteront du mal, je les maudirai. A cause de toi, tous les hommes seront bénis».

Abraham partit comme Dieu le lui avait ordonné. Il avait alors soixante-quinze ans. Il prit avec lui sa femme Sara, son neveu Lot, tous les animaux qui lui

appartenaient et tous les gens qui travaillaient pour lui. Abraham entra dans le pays que Dieu lui avait promis, à lui et à ses enfants. C'était Canaan, un pays avec des terres bonnes et fertiles. Abraham y bâtit des autels pour Dieu. (Gen 12, 1-8)

7. Dieu conclut une alliance avec Abraham

Une nuit, Dieu parla à Abraham. Il lui dit: «N'aie pas peur! Je te protégerai et je te rendrai riche». Abraham répondit: «Que faire de la richesse, aussi longtemps que tu me refuses le plus important? Je n'ai pas de fils qui soit mon héritier et qui transmette mon nom». Mais Dieu fit sortir Abraham de sa tente et lui dit: «Regarde là-haut vers le ciel. Regarde les étoiles. Tu auras autant de fils et de filles». Abraham eut confiance en Dieu et la foi d'Abraham plut à Dieu.

Abraham avait dressé sa tente près des chênes de Mambré. Vers midi, il était assis à l'entrée de la tente. Il vit trois hommes qui s'approchaient. Il se leva et alla à leur rencontre: «Ne passez pas sans vous arrêter, venez et reposez-vous». Abraham donna du beurre, du lait, de la viande et du pain à ces étrangers. Après le repas, un des visiteurs demanda: «Abraham, où est Sara, ta femme?» «Elle est à l'intérieur de la tente» répondit Abraham. L'étranger lui dit: «L'année prochaine, à la même époque, je reviendrai. Alors Sara aura un fils».

Sara se trouvait dans la tente, derrière Abraham. Elle entendit ce que disait l'étranger. Elle rit et pensa: «L'étranger ne connaît pas bien mon âge, et Abraham aussi est vieux». Mais l'étranger demanda: «Y a-t-il quelque chose d'impossible pour Dieu?» (Gen 15, 1-8, 18)

8. La confiance d'Abraham

Dieu tint sa promesse. Sara, une femme âgée, devint mère. Abraham, un homme âgé, devint père et eut un héritier. Sara et Abraham donnèrent à leur fils le nom que Dieu-même lui avait destiné: Isaac, ce qui veut dire: «que Dieu veuille sourire avec bienveillance». Isaac grandit.

Dieu voulut mettre Abraham à l'épreuve. Il lui dit: «Prends ton fils, ton fils unique, celui que tu aimes tant, et offre-le moi en holocauste». Le lendemain matin, Abraham prit son âne et le chargea de bois. Puis il appela ses serviteurs et son fils. Ils marchèrent pendant trois jours pour arriver à une montagne. Là, Abraham quitta les serviteurs et l'âne. «Restez ici, dit-il, Isaac m'accompagne sur la montagne. Quand nous aurons prié et fait un sacrifice, nous reviendrons».

Isaac portait le bois. Abraham portait un couteau et un pot de braises encore rouges. «Père, dit Isaac, nous avons du bois et du feu, mais nous n'avons pas de victime pour le sacrifice». «Dieu y veillera» répondit Abraham. Au sommet de la montagne, Abraham éleva un autel de pierres. Il y disposa le bois, puis il ligota son fils Isaac et le mit sur l'autel. Il prit le couteau. Alors, il entendit cette voix: «Abraham! Ne

fais pas de mal au garçon! Tu m'as montré comment tu m'obéis et combien tu as confiance en moi. Tu étais prêt à me donner Isaac, ton fils unique!»

Abraham regarda autour de lui et vit un bélier qui s'était pris dans un buisson. Il déposa l'animal sur l'autel et l'offrit à Dieu. Ensuite il descendit de la montagne avec Isaac. (Gen 22)

9. Isaac, Esaü et Jacob

Isaac hérita des troupeaux, des serviteurs et des servantes d'Abraham. Il hérita aussi de la bénédiction de Dieu. Comme sa femme, Rebecca, n'avait pas d'enfant, Isaac pria Dieu. Dieu l'exauça. Rebecca devint mère. Elle eut deux fils, des jumeaux que personne ne pouvait confondre, dès leur naissance. Le premier-né avait les bras et les jambes couverts de poils. Ses parents l'appelèrent Esaü. L'autre avait la peau lisse. Ils l'appelèrent Jacob. Esaü devint chasseur. Jacob restait près des tentes, et travaillait comme berger et cultivateur. Isaac préférait Esaü, parce qu'il aimait bien le gibier rôti. Mais Rebecca préférait Jacob.

Un jour, Jacob venait de préparer une soupe aux lentilles, quand Esaü rentra épuisé à la maison. Il dit: «Donne-moi à manger de cette soupe rouge!» Jacob répondit: «Vends-moi d'abord ton droit d'aînesse». Esaü dit: «Je meurs de faim. A quoi me sert ce droit!» Il lui jura qu'il lui vendait son droit d'aînesse. C'est alors seulement que Jacob lui donna du pain et de la soupe aux lentilles.

Isaac devint vieux. Il ne voyait plus bien. Un jour, il dit à Esaü: «Va à la chasse, apporte-moi du gibier rôti à manger et je te transmettrai la bénédiction de Dieu». Rebecca entendit ce que disait Isaac. Elle voulait que Jacob reçoive la bénédiction et elle lui dit: «Va chercher deux chevreaux». Elle rôtit la viande, puis elle couvrit le cou et les bras de Jacob de la peau des chevreaux. Alors, elle l'envoya à Isaac.

Isaac l'entendit marcher. Il demanda: «Qui es-tu? Je suis Esaü, répondit Jacob, je t'apporte le rôti. Mange d'abord et après tu me donneras la bénédiction comme tu l'as promis». Isaac prit son fils par les bras. Il sentit la peau. Il se laissa tromper et il bénit Jacob: «Que Dieu te donne tout ce dont tu as besoin sur terre. Béni soit qui te bénira».

Tout de suite après, Esaü rentra de la chasse. Il apporta du rôti à son père et lui demanda de le bénir. Alors, Isaac comprit que son fils Jacob l'avait trompé. Mais il ne put reprendre la bénédiction qu'il lui avait transmise. Esaü se mit en colère et dit: «Quand notre père Isaac sera mort, je tuerai Jacob». Rebecca apprit cela et dit à Jacob: «Va te réfugier chez ton oncle Laban à Haran. Tu pourras attendre chez lui jusqu'à ce qu'Esaü ait oublié sa colère». C'est ainsi que Jacob arriva chez Laban. Il travaillait chez lui comme gardien de bétail, mais il prenait également soin de son propre troupeau. Il se maria et eut des enfants.

Vingt ans plus tard, Jacob et toute sa famille revinrent au pays de Canaan. En chemin, Jacob passa la nuit près du fleuve Yabbok. Il avait transporté tout ce

qu'il avait sur l'autre rive et restait seul. Cette nuit là, un homme lutta avec lui jusqu'à l'aube. Après cette lutte, il bénit Jacob et lui dit: «Désormais, tu ne t'appelleras plus Jacob, mais Israël, ce qui veut dire: celui qui lutte avec Dieu. Car tu as lutté avec Dieu et avec les hommes et tu restes vainqueur».

Jacob se réconcilia avec son frère Esaü. Il revint au pays de Canaan et eut douze fils: Ruben, Siméon, Lévi, Juda, Issachar, Zabulon, Joseph, Benjamin, Dan, Naphtali, Gad et Asher. Ceux-ci sont devenus les pères du peuple d'Israël. (Gen 25-35)

10. Joseph arrive en Egypte

Jacob aimait Joseph plus que ses autres fils et il lui donna un beau vêtement. Alors, les autres furent jaloux. Un jour, Jacob envoya Joseph à ses frères dans les pâturages. Alors, ceux-ci l'attrapèrent et le jetèrent dans un puits. Ils voulurent d'abord le tuer. Mais ils finirent par le vendre à des marchands étrangers

pour vingt pièces d'argent. Ils déchirèrent son vêtement et le trempèrent dans le sang d'un agneau, puis le firent porter à Jacob par un messager. Jacob reconnut le vêtement au premier coup d'oeil. Il crut qu'une bête sauvage avait dévoré Joseph. Il pleura longtemps son fils préféré.

    Joseph se retrouva en Egypte avec les marchands. Ils le vendirent à un officier du roi du nom de Potiphar. Joseph travaillait pour Potiphar et il réussissait tout ce qu'il entreprenait, car Dieu était avec lui. Potiphar le prit comme intendant. La femme de Potiphar voulut séduire Joseph et comme il l'avait repoussée, elle le calomnia auprès de son mari. Alors Potiphar fit jeter Joseph en prison. A cette époque, le boulanger et l'échanson du Pharaon, le roi d'Egypte, étaient aussi en prison. Ils avaient fait un rêve et ils en parlèrent à Joseph qui put le leur expliquer: l'échanson serait pardonné et reprendrait son travail; le boulanger serait condamné et exécuté. Et tout arriva comme Joseph l'avait prédit. (Gen 37; 39-40)

11. Jacob descend en Egypte avec ses fils

Deux ans plus tard, le Pharaon fit un rêve. Il consulta tous les sages et les devins de son pays, mais aucun ne fut capable de lui expliquer ce rêve. Alors l'échanson se souvint de Joseph et dit au Pharaon: «Il y a en prison un jeune homme, un Israélite, qui a réussi à expliquer mon rêve et celui du boulanger. Ce qu'il nous avait dit est arrivé». Le Pharaon fit appeler Joseph et lui raconta son rêve: «Sept vaches saines et grasses sortent du Nil. Ensuite sept vaches laides et maigres dévorent les saines. De même, sept épis pleins et lourds mûrissent sur une tige et ensuite sept épis vides et desséchés dévorent les épis pleins». Joseph expliqua au Pharaon: «Dieu t'a montré pendant la nuit ce qui va arriver: pendant sept années le bétail prospèrera et le blé murira dans les champs, puis pendant sept années il ne pleuvra pas. Les animaux mourront de soif, le blé se dessèchera. Je peux te donner un conseil: fais construire des entrepôts et achète le surplus des bonnes années. Tu feras ainsi des provisions pour les années de famine». Le Pharaon crut Joseph et le prit comme intendant. Et quand, après sept années d'abondantes récoltes il n'y eut plus de pluie, que le bétail fut assoiffé et la récolte desséchée, Joseph ouvrit les entrepôts. Des affamés vinrent de loin pour lui acheter du blé.

Jacob et ses fils aussi n'avaient plus rien à manger. C'est pourquoi Jacob envoya ses fils en Egypte. Joseph vit ses frères et les reconnut tout de suite, mais eux ne le reconnurent pas. Joseph mit ses frères à l'épreuve car il voulait savoir s'ils allaient être solidaires les uns des autres. Il ordonna de cacher sa coupe d'argent dans le sac de Benjamin. Alors que ses frères avaient repris le chemin du retour, Joseph envoya son intendant pour les rattraper. Celui-ci les arrêta et les accusa: «Pourquoi avez-vous rendu le mal pour le bien? Pourquoi avez-vous volé la coupe de mon maître?» Les frères se défendirent: «Nous n'avons rien volé!» Mais quand on inspecta le sac de Benjamin, on y trouva la coupe.

C'est ainsi que tous les frères retournèrent devant Joseph. Il leur dit: «Vous, les autres, vous pouvez partir. Seul celui chez qui on a trouvé la coupe doit rester». Juda répondit: «Notre père aime son plus jeune fils et il mourrait de chagrin s'il lui arrivait malheur. Laissez-moi rester à la place de Benjamin». Alors, Joseph ne put se retenir: «Je suis Joseph, votre frère, dit-il. Vous m'avez vendu et vous m'avez voulu du mal. Mais Dieu a tout changé en bien. Il m'a fait venir en Egypte pour que je puisse vous sauver. Vite, retournez chez notre père et revenez en Egypte avec lui. Ici, vous ne serez pas dans la misère». Jacob se réjouit de tout son coeur quand il apprit que Joseph était vivant. Il descendit en Egypte avec ses fils et leurs familles. Là, ils vécurent comme bergers dans le pays de Goshen. Et pendant toute la famine, Joseph prit soin de ses frères. (Gen 41-47)

MOISE CONDUIT SON PEUPLE
A TRAVERS LE DESERT

12. Dieu sauve Moïse

Joseph et ses frères moururent. Leurs enfants et petits-enfants, les Israélites, vécurent en Egypte. Ils y devinrent un grand peuple. Beaucoup de temps passa et un nouveau Pharaon régna sur l'Egypte. Il ne savait rien de l'aide que Joseph avait apportée aux Egyptiens à l'époque de la grande famine. Il avait peur des Israélites et dit: «Ils sont forts. Bientôt, ils deviendront plus forts que nous, les Egyptiens. Mais j'empêcherai cela». Pour commencer, ce Pharaon imposa les travaux forcés aux Israélites. Ils devaient construire des villes. Puis il ordonna que tous les garçons nouveau-nés des Israélites soient noyés dans le Nil. Un peuple qui n'a plus de fils est bien près de sa fin.

Il y avait là une mère. Elle voulait sauver son fils

nouveau-né. Elle le cacha d'abord dans sa maison, mais au bout de trois mois, elle ne pouvait plus le garder chez elle. Elle tressa alors une corbeille de jonc et l'enduisit de poix pour la rendre imperméable. Puis elle mit son petit garçon dans la corbeille qu'elle alla cacher dans les roseaux près du Nil. Sa fille Myriam resta près de la rive pour voir ce qui arriverait à la corbeille.

La fille du Pharaon vint près du Nil et voulut se baigner dans le fleuve. Elle vit la corbeille et la fit apporter à la rive. Elle vit l'enfant et eut pitié de lui. Myriam sortit de sa cachette et demanda: «Veux-tu que je cherche une nourrice pour l'enfant?» La fille du Pharaon dit: «Fais-le!» Alors, Myriam alla chercher sa mère. La fille du roi la prit comme nourrice et elle donna à l'enfant le nom de Moïse.

Quand il fut plus grand, Moïse vécut au palais. Il fut éduqué comme un vrai Egyptien, mais il n'oublia jamais qu'il appartenait à un peuple condamné à de durs travaux d'esclaves. Un jour, il vit comment un Egyptien frappait un Israélite et la colère le prit. Il tua l'Egyptien. Moïse dut alors s'enfuir et arriva dans le pays de Madian où il devint berger dans la maison du prêtre Jéthro. (Ex 1-2)

13. Dieu envoie Moïse

Moïse traversait le désert avec son troupeau et il arriva au Sinaï, la montagne de Dieu. Il y vit un buisson qui brûlait sans se consumer. Curieux, il s'approcha et entendit cette voix: «Moïse, Moïse! Je suis le Dieu de ton père, le Dieu d'Abraham, d'Isaac et de Jacob». Moïse se cacha le visage. Il eut peur de regarder Dieu en face. Mais Dieu dit: «J'ai vu comment mon peuple est maltraité en Egypte. J'ai entendu ses cris. Je connais son malheur. C'est pourquoi je t'envoie au Pharaon. Tu conduiras mon peuple hors d'Egypte». Moïse répondit: «Qui suis-je pour aller auprès du Pharaon et lui donner des ordres?» Mais Dieu dit: «Je serai avec toi».

Moïse fit encore cette objection: «Les Israélites ne me croiront pas quand je leur dirai: Le Dieu de vos pères m'envoie. Ils me demanderont: Dis-nous son nom! Que devrai-je répondre?» Mais Dieu lui dit: «Je suis celui qui suis. C'est mon nom pour tous les temps». Moïse ne voulait toujours pas accepter la mission. Il dit: «Je ne sais pas parler». Dieu lui répondit: «Va maintenant, je te dirai ce que tu dois dire». Moïse répondit encore: «Envoie donc un autre!» Mais Dieu avait choisi Moïse.

Moïse retourna en Egypte avec sa famille. Son frère Aaron vint à sa rencontre. Avec lui, il convoqua les chefs de familles des Israélites. Il leur communiqua ce que le Dieu d'Abraham, d'Isaac et de Jacob lui avait ordonné. Les Israélites apprirent que Dieu voulait les sauver de leur détresse. Ils eurent confiance en lui et l'adorèrent. (Ex 3)

14. Rends la liberté à mon peuple!

Moïse et Aaron se rendirent chez le Pharaon et lui demandèrent: «Rends la liberté à notre peuple! Dieu le veut». Le Pharaon ne voulait pas rendre la liberté aux Israélites. Il dit: «Qui est donc le Dieu d'Israël à qui je devrais obéir? Je ne le connais pas et je ne laisserai pas partir les Israélites. J'exigerai qu'ils travaillent encore plus pour qu'ils n'oublient pas qui a le pouvoir ici». Le même jour, il ordonna aux surveillants de faire travailler les Israélites durement pour qu'ils oublient ces histoires.

Les Israélites gémissaient sous la corvée et Moïse implora le Seigneur. Dieu lui fit cette promesse: «Je suis Dieu et je vous conduirai hors d'Egypte. Je vous adopte comme mon peuple et vous reconnaîtrez que je suis votre Dieu. Je vous conduis au pays que j'ai promis à Abraham, à Isaac et à Jacob. Je vous le donnerai en héritage».

Dieu fit sentir sa puissance au Pharaon. De lourdes plaies frappèrent l'Egypte: orages, mauvaises récoltes, eaux empoisonnées. Le bétail attrapa la peste. Des insectes nuisibles envahirent toutes les maisons. L'air devint tellement pollué que tous furent couverts d'ulcères. Le Pharaon sentait bien d'où venait le malheur. Deux ou trois fois il fit comme s'il voulait libérer les Israélites des travaux forcés, mais dès que la plaie était terminée il reprenait sa parole. (Ex 5-11)

15. La première nuit pascale

Alors, Dieu dit à Moïse: «Cette nuit-même le Pharaon va vous rendre la liberté. Préparez-vous pour le départ. Chaque famille doit tuer un agneau. Vous marquerez de son sang la porte de vos maisons. Mettez vos chaussures et tenez votre bâton à la main. Mangez rapidement et ne laissez pas de restes. Cette nuit, les fils aînés des Egyptiens vont mourir, mais l'ange de la mort passera à côté de vos maisons marquées de sang».

Tout se passa comme Dieu l'avait dit: les fils premiers-nés des Egyptiens moururent, ceux des pauvres gens comme celui du Pharaon. Cette nuit-là, les Egyptiens pleurèrent leurs fils. Le Pharaon fit appeler Moï-

se et Aaron et leur ordonna: «Vite, allez-vous en! Emportez tout ce qui vous appartient». Les Israélites se rassemblèrent et quittèrent l'Egypte.

Le peuple d'Israël n'oublia pas cette première nuit pascale. Les mères et les pères n'oublièrent pas que Dieu avait épargné leurs premiers-nés. Depuis ce temps-là, ils lui offrent un don après la naissance de leur premier fils. Et, chaque année, ils célèbrent la Pâque, la fête de l'Exode, en l'expliquant ainsi à leurs enfants: «C'est d'une main forte que Dieu nous a libérés de l'esclavage égyptien». (Ex 12-13)

16. Dieu sauve son peuple

Le Pharaon regretta bien vite d'avoir libéré les Israélites. Il alerta ses soldats et les conducteurs des chars de combat. Il partit avec eux à la poursuite des Israélites qui campaient près de la mer des Roseaux.

Une des sentinelles vit le nuage de poussière: «Les Egyptiens arrivent!» Les Israélites eurent peur parce qu'ils étaient pris au piège. Devant eux la mer, derrière eux l'ennemi fortement armé. Ils accusèrent Moïse: «Pourquoi nous as-tu conduits ici à notre perte? Nous allons tous mourir ici!» Mais Moïse leur répondit: «N'ayez pas peur! Vous allez vivre aujourd'hui la manière dont Dieu sauve».

Moïse étendit la main sur la mer comme Dieu le lui avait ordonné. Un vent d'Est se leva et poussa l'eau de côté. Le peuple d'Israël traversa la mer: hommes et femmes, filles et fils, boeufs et brebis - un long cortège.

Les Egyptiens arrivèrent au rivage. Ils n'hésitèrent pas longtemps et partirent à l'assaut. Mais le chemin qu'Israël avait pu prendre en faisant confiance à Dieu devint pour les Egyptiens un chemin de mort. Les eaux refluèrent avec violence et les chevaux, les chars de combat, toute l'armée du Pharaon disparurent dans les flots. Les Israélites vécurent la façon dont Dieu sauve.

Myriam, la soeur de Moïse, joua du tambourin. Elle dansa avec les femmes et chanta l'hymne de la victoire: «Louez le Seigneur, louez-le, car il est fort et puissant. Il a fait disparaître dans la mer les chevaux et les chars». (Ex 14-15)

17. Dieu prend soin de son peuple

Après la Mer des Roseaux, Moïse conduisit le peuple d'Israël à travers le désert. Pendant trois jours, ils cherchèrent un point d'eau. Ils finirent par trouver une source, mais son eau avait un goût amer et on ne pouvait pas la boire. Les Israélites se révoltèrent contre Moïse: «Tu nous laisses mourir de soif dans le désert!» Moïse pria Dieu: «Aide-nous!» Et Dieu montra à Moïse un morceau de bois. Quand Moïse jeta ce morceau de bois dans l'eau, elle perdit son goût amer et tous les assoiffés purent boire.

Peu de temps après, ils revinrent vers Moïse: «Pourquoi nous as-tu conduits dans le désert? Si seulement nous étions restés en Egypte. Là, on avait des marmites pleines de viande et du pain tant qu'on en voulait». Mais Dieu dit à Moïse: «Je vous donnerai du pain et de la viande pour que vous appreniez que l'on peut avoir confiance en moi». Et cela était vrai: en effet, le soir, un grand vol d'oiseaux tournoya au dessus du camp des Israélites. Les oiseaux se laissèrent capturer. Le matin il y avait sur le sol des grains de manne, blancs et doux. Chacun pouvait en ramasser et manger à sa faim. Non seulement ce jour-là, mais tous les jours. Aussi longtemps que le peuple d'Israël traversa le désert –pendant quarante ans– Dieu leur donna du pain et de la viande.

Depuis lors, les parents racontent à leurs enfants comment Dieu a pris soin et prend toujours soin de son peuple. Tous doivent savoir qu'on peut avoir confiance en lui et compter sur son aide. (Ex 15, 22 - 16, 36)

18. Dieu choisit son peuple

Le peuple d'Israël marcha dans le désert, d'un campement à l'autre. Le troisième mois, ils campèrent près du mont Sinaï. Moïse y monta pour rencontrer Dieu. Dieu lui ordonna: «Dis aux Israélites: Vous avez vu que je suis plus puissant que les Egyptiens. Je vous ai portés jusqu'ici comme un aigle porte ses petits. Si vous écoutez ce que je dis et si vous respectez mon alliance, alors, vous serez le peuple qui m'est le plus proche parmi tous les peuples. La terre entière m'appartient. Vous, cependant, vous m'appartiendrez comme des prêtres prêts à me servir. Vous êtes un peuple élu, un peuple saint».

Quand Moïse descendit de la montagne et quand il raconta au peuple ce que Dieu lui avait ordonné, ils crièrent tous: «Nous sommes prêts! Nous voulons faire tout ce que Dieu dit. Nous voulons vivre comme il le veut». Au Sinaï, Dieu donna des commandements à son peuple. Ils sont valables pour tous les peuples et pour tous les temps. Tous ceux qui resteront fidèles à Dieu vont se rendre compte que Dieu leur reste fidèle. Dieu dit: «Je suis le Seigneur, ton Dieu. Je t'ai fait sortir d'Egypte, du pays de la servitude».

1. Tu n'auras pas d'autres dieux que moi. Ne te fabrique aucune image de Dieu. Tu ne serviras aucun autre que moi.
2. Tu ne profaneras pas mon nom.
3. Tu sanctifieras le septième jour. Personne ne travaillera ce jour-là.
4. Tu honoreras ton père et ta mère.
5. Tu ne tueras pas.
6. Tu ne commettras pas d'adultère.
7. Tu ne voleras pas.
8. Tu ne diras rien de faux contre ton prochain.
9. Tu ne désireras pas la femme d'un autre.
10. Tu ne désireras pas ce qui appartient à un autre.

Moïse écrivit sur deux tables de pierre les commandements que Dieu avait donnés à son peuple. Il déposa les tables dans l'arche d'alliance. Ils sont la

garantie de l'alliance que Dieu conclut avec son peuple Israël. (Ex 19-20)

19. Des règles pour vivre

«Ecoute, peuple d'Israël: le Seigneur est ton Dieu, le Seigneur et aucun autre. C'est pourquoi tu l'aimeras de tout ton coeur, de toute ton âme et de toutes tes forces». (Dt 6,4-5)

«Si tu assièges une ville, tu n'abattras pas ses arbres. Tu peux manger les fruits des arbres, mais tu ne peux pas les abattre». (Dt 20, 19)

«Tu ne maltraiteras pas une veuve ou un orphelin sans défense. Si tu les maltraites et qu'ils se plaignent à moi, je serai de leur côté». (Ex 22,21 s.)

«Si le boeuf ou la brebis d'un autre vagabonde, tu ne regarderas pas sans rien faire. Reconduis l'animal à son propriétaire». (Dt 22, 1)

«Si un pauvre travaille pour toi, tu ne lui feras pas attendre son salaire mais tu le lui donneras le jour-même». (Dt 24, 14-15)

« Lorsque tu auras gaulé ton olivier et vendangé ta vigne, laisse aux pauvres ce qui reste sur l'olivier ou dans la vigne ». (Dt 24, 20-22)

« N'opprimez pas les étrangers qui vivent dans votre pays. Donnez-leur les mêmes droits qu'à vous-mêmes. Aimez les étrangers comme vous-mêmes et n'oubliez pas que vous avez vécu en Egypte comme des étrangers. Je vous le dis, moi, le Seigneur votre Dieu ». (Lv 19, 33-34)

« Ne dis aucun mal d'un sourd qui ne peut pas se défendre. Ne mets pas devant l'aveugle un obstacle qui pourrait le faire trébucher ». (Lv 19, 14)

« Ne porte pas de haine dans ton coeur contre ton frère. Réprimande ton prochain, sinon ce sera toi le coupable. Ne te venge pas et ne garde pas de rancune envers quelqu'un. Aime ton prochain comme toi-même ». (Lv 19, 17-18)

20. La mort de Moïse

Dieu a libéré son peuple de la servitude égyptienne. Pendant quarante ans les Israélites dans le désert apprirent à faire confiance à Dieu. Ils apprirent aussi

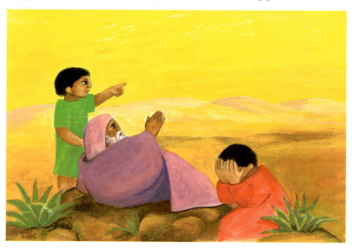

comment des hommes peuvent vivre les uns avec les autres.

Les femmes et les hommes qui étaient sortis d'Egypte avec Moïse moururent dans le désert. Moïse aussi devint vieux. Il se rendit compte qu'il allait mourir. Alors, il bénit le peuple et dit: «Que tu es heureux, Israël! Qui est comme toi, un peuple sauvé par le Seigneur?» Il grimpa ensuite au sommet du Mont Nébo. Là, le Seigneur lui montra tout le pays de Canaan qu'il avait promis à son peuple. Moïse mourut à la frontière du pays. Car Dieu lui avait dit: «Je te montrerai le pays, mais tu n'y entreras pas». Les Israélites pleurèrent Moïse pendant trente jours. (Dt 33-34)

ROIS ET PROPHETES

21. En terre promise

Avant sa mort, Moïse avait nommé Josué pour être son successeur. Il devait conduire les Israélites dans le pays de Canaan où Abraham, Isaac et Jacob avaient vécu. Mais les peuples qui vivaient en Canaan ne voulaient pas laisser entrer les Israélites dans le pays. Conduits par Josué, les Israélites tenaient bon grâce à la promesse que Dieu leur avait faite et ne se laissaient pas refouler. Petit à petit, ils conquirent le pays. Ils y construisirent des villages et cultivèrent la terre comme les Cananéens.

Les Israélites purent beaucoup apprendre des Cananéens: quand il faut semer le blé et quand il faut faire les vendanges; comment on fabrique les meilleurs outils; comment on cuisine et comment on s'habille. Il y avait une seule chose qu'ils ne pouvaient pas faire comme les Cananéens, s'ils voulaient rester fidèles à l'alliance avec Dieu: ils ne devaient pas adorer et servir les dieux des Cananéens. Les Israélites trouvaient qu'il n'était pas facile de respecter ce commandement. Les Cananéens avaient partout dans le pays, sur les montagnes et sous les grands arbres, des lieux de sacrifice où ils servaient leurs dieux et priaient pour demander la pluie et une bonne récolte.

A cette époque-là, les Israélites firent une nouvelle expérience: aussi longtemps qu'ils restaient fidèles au Dieu d'Abraham, d'Isaac et de Jacob, celui-ci leur donnait sa protection et sa bénédiction. Mais quand ils lui devenaient infidèles, il leur arrivait des misères et des malheurs. Par contre quand ils revenaient à lui, avouaient leurs fautes et lui demandaient pardon, alors il les regardait de nouveau avec amour et les bénissait. (Jos; Jg)

22. Le peuple veut un roi

Les Israélites partagèrent le pays de façon à ce que chacune des douze grandes tribus ait son territoire. Les anciens des tribus distribuèrent la terre aux familles: chacune obtint suffisamment pour manger à sa faim.

Les tribus vivaient chacune de leur côté. Mais elles se rassemblaient pour se défendre contre les ennemis. Dans ce cas, Dieu leur donnait un sauveur qui les sortait du danger.

Mais ensuite les Israélites eurent bien de la peine à n'avoir confiance qu'en Dieu et à attendre qu'il envoie un sauveur dans chaque situation de détresse. Ils voulaient un chef permanent, un roi. Samuel était un sauveur que Dieu avait envoyé. Il demanda au peuple: «Voulez-vous vraiment vous courber devant un homme, travailler pour lui et payer l'impôt?» Mais les représentants des tribus lui dirent: «Nous voulons être comme les autres peuples. Un roi doit nous dire ce qui est juste et ce qui est injuste. Un roi doit être notre chef dans les combats».

Dieu dit à Samuel: «Accorde-leur ce qu'ils demandent. Ce n'est pas toi qu'ils ont rejeté, mais moi». Alors, sur l'ordre de Dieu, Samuel oignit Saül comme roi d'Israël et Dieu lui donna son Esprit. Saül aurait pu rester un bon roi, si lui-même avait fait confiance à Dieu de tout son coeur. Mais Saül ne voulait faire confiance à personne, pas même à Dieu. Et il se méfiait aussi des hommes. Il devint triste et troublé. Dieu n'était plus avec Saül. C'est pourquoi il ne pouvait plus conduire et défendre le peuple d'Israël. (1 S 8 - 15)

23. David, berger de Bethléem

David de Bethléem fut le deuxième et le plus grand roi d'Israël. Il avait confiance en Dieu et Dieu était avec lui. C'est pourquoi le peuple de Dieu ne peut oublier le nom de David. En Israël on raconte beaucoup d'histoires sur lui.

David était le fils cadet de Jessé. Il gardait les brebis quand Samuel vint à lui pour l'oindre comme roi. David était un bon berger: il connaissait et aimait ses brebis et ne se sauvait pas quand un lion ou un ours s'approchait. David était courageux. Il n'avait pas peur des ennemis de Dieu et de son peuple. On

raconte qu'un jour, alors qu'il était encore un jeune garçon, il arriva chez ses frères dans un campement. Là, il vit comment un homme très grand et très fort, le géant Goliath, se moquait des Israélites et de leur Dieu. Aucun Israélite ne voulait engager le combat avec Goliath. Mais David lui dit: «Tu verras combien le Dieu d'Israël est fort». Il mit une pierre dans sa fronde, la fit tournoyer au-dessus de sa tête, tira et toucha le géant Goliath au milieu du front. Alors les ennemis eurent peur. Ils ne voulaient plus combattre Israël et se sauvèrent.

David savait chanter des cantiques et jouer de la harpe. Dans le livre des Psaumes, le livre des chants du peuple de Dieu, il y a cent cinquante psaumes tels que David les chantait. David vécut quelque temps auprès du roi Saül. Quand Saül était triste, David lui jouait de la harpe. Alors, Saül redevenait joyeux. Comme Dieu était avec David, il pouvait vaincre les ennemis. C'est pourquoi Saül le nomma chef de son armée. Mais parce que David triomphait et que le peuple l'acclamait, Saül devint jaloux. Il voulut écarter David. Pendant des années, David, avec un groupe d'amis, dut se cacher pour échapper à Saül.

Quand, une fois de plus, les Philistins partirent en guerre contre Israël, l'armée de Saül ne put résister à l'attaque. Les trois fils de Saül moururent dans les montagnes de Gelboé: Saül lui-même fut gravement blessé et se jeta sur sa propre épée. (1 S 16-31)

24. David, roi à Jérusalem

Après la mort de Saül, David devint roi de tout Israël. Il conquit Jérusalem et en fit sa capitale. Il fit apporter à Jérusalem l'arche sacrée avec les tables de la loi. Il voulut que Jérusalem soit la ville de Dieu.

David avait confiance en Dieu. Il voulait conserver l'alliance. Quand il avait mal agi, il reconnaissait sa faute et priait Dieu de lui pardonner. Un jour, David fit chercher Natan. Natan était un homme dont Dieu avait fait son porte-parole, un prophète. David dit à

Natan: «J'habite dans un palais magnifique, mais l'arche sacrée se trouve toujours sous une tente. Je veux construire une maison pour Dieu».

Le lendemain, Natan retourna chez David et dit: «Dieu ne veut pas que tu lui construises une maison. Au contraire, c'est lui qui veut te construire une maison, une maison vivante. Quand tu mourras, ton fils règnera sur le peuple de Dieu. Cette parole vaut pour toujours». C'est pourquoi le peuple de Dieu croit que le grand sauveur, le Messie que Dieu a promis aux hommes, descendra de la famille de David. (2 S 7)

25. Un psaume de David

Seigneur, tu es mon berger,
je ne manque de rien;
tu me conduis vers de verts pâturages
et vers les eaux tranquilles.
Tu me montres des chemins sûrs,
même quand je dois passer
par des ravins de ténèbres,
je n'ai pas peur,
car tu es auprès de moi. (Ps 23)

26. Salomon construit une maison pour Dieu

Le roi David mourut et fut enterré à Jérusalem. Son fils Salomon régna sur Israël.

Salomon était un roi sage. Il savait ce qui est juste et ce qui est injuste. A Jérusalem, il se bâtit un palais et il construisit une maison pour Dieu: le Temple. Il y fit déposer l'arche sacrée. Le jour de la dédicace du temple, Salomon pria: «Seigneur, mon Dieu! Tu as promis d'être près de nous dans ce temple. Ecoute ma prière. Ecoute tous ceux qui crient vers toi dans cette maison. Exauce-nous et pardonne-nous nos offenses».

Salomon n'eut pas à faire la guerre comme son

père David. Il conclut des traités avec d'autres peuples, il fit du commerce et envoya des bateaux au-delà des mers. Il fit venir des ouvriers étrangers dans son pays et épousa des femmes étrangères. Les étrangers que Salomon fit venir voulurent servir leurs propres dieux. Salomon permit qu'ils élèvent des autels pour leurs dieux dans le pays d'Israël. Salomon pria les dieux des étrangers et les adora. Ainsi, il trahit le Dieu unique. Il rompit l'alliance. (1 R 5-11)

27. Proverbes de Salomon

Un enfant obéissant fait la joie de ses parents; un enfant têtu leur fait de la peine. (10, 1)

La haine provoque des disputes; l'amour crée l'entente. (10, 12)

Celui qui aide les autres sera aidé; celui qui donne à boire à l'assoiffé ne mourra pas de soif. (11, 25)

Celui qui marche droit respecte Dieu; celui qui suit des chemins tortueux le méprise. (14, 2)

Celui qui méprise son prochain commet un péché; heureux celui qui a pitié des pauvres. (14, 21)

Celui qui ne veut pas entendre le cri des pauvres ne sera entendu par personne quand il appellera à l'aide. (21, 13)

28. Deux rois pour un peuple

Après la mort de Salomon, son fils Roboam voulut devenir roi de Jérusalem. Des hommes qui avaient de l'expérience lui donnèrent ce conseil: «Ton père Salomon a exigé des paysans de lourds impôts et a imposé des taxes élevées aux commerçants. Si tu exiges moins, tous les Israélites te reconnaîtront comme roi».

Mais Roboam n'écouta pas le conseil de ces hommes d'expérience. Aussi les dix tribus qui vivaient au nord du pays dirent: «Nous n'avons pas besoin d'un roi de la maison de David. Nous élirons notre propre roi». Seule la tribu de Juda, appelée ainsi du nom d'un fils de Jacob et qui habitait près de Jérusalem, resta fidèle à Roboam. A partir de ce moment, il y eut non seulement un roi à Jérusalem, mais à Sichem qu'on appelle aussi Samarie. (1 R 12)

29. Le Dieu vivant

Jéroboam, le premier roi qui régna sur les tribus du Nord, se dit: «Il n'est pas bon que les citoyens de mon royaume soient obligés de monter au temple de Jérusalem s'ils veulent célébrer Dieu ou offrir un sacrifice». C'est pourquoi il fit fabriquer deux veaux d'or. Il fit exposer l'un d'eux dans la ville de Dan, au nord de son royaume, l'autre dans la ville de Béthel, dans le sud. Ensuite, il fit savoir partout au peuple: «Vous n'avez plus besoin d'aller à Jérusalem quand vous voulez célébrer une fête ou présenter une offrande. Vous trouverez Dieu à Dan et à Béthel. Le même Dieu que celui qui a sorti vos pères d'Egypte».

Les Israélites n'écoutèrent pas tous Jéroboam, car ils se rappelaient que Dieu avait interdit aux hommes de fabriquer des images de Dieu comme le faisaient les Egyptiens. Ils savaient qu'ils rompaient l'alliance avec Dieu quand ils échangeaient le Dieu vivant contre une image morte. (1 R 12; Ex 32-34)

30. Le Dieu puissant

Souvent, les rois d'Israël oubliaient Dieu et son alliance. Mais Dieu resta fidèle à l'alliance. Il envoya des hommes qui parlaient en son nom aux rois et au peuple: les prophètes.

Il y avait un roi, le roi Achab, qui priait le dieu Baal. Elie était un prophète de Dieu. Il alla trouver le roi Achab et lui dit: «Je sers le Dieu d'Israël. C'est lui le Dieu puissant. Tu sentiras sa puissance, et avec toi tout le pays, car à partir de maintenant la rosée ne tombera pas du ciel et la pluie non plus. La sécheresse durera tant que je le dirai».

Elie craignait la colère du roi et il se réfugia en Phénicie, au-delà de la frontière. Là, il vécut chez une pauvre femme. Elle était veuve et avait un fils unique. Son fils tomba malade et mourut. Alors, la femme accusa Elie: «Tu es un ami de Dieu. Tu habites chez moi. C'est pourquoi Dieu me regarde. Il connaît mon péché et me punit». Elie prit l'enfant mort et le coucha sur son lit. Il se pencha sur l'enfant et pria: «Seigneur, mon Dieu, rends la vie à cet enfant». Dieu écouta la prière de son prophète. L'enfant reprit vie. Elie prit le garçon par la main et l'amena à sa mère. (1 R 17)

31. Le Dieu unique

Deux ans plus tard, Dieu envoya de nouveau Elie au roi Achab. Celui-ci accusa le prophète: «C'est à cause de toi que tout le peuple d'Israël n'a rien à manger!» Elie répondit: «Ce n'est pas moi, mais c'est

toi et ta famille qui êtes coupables de la grande sécheresse. Vous avez abandonné notre Dieu pour suivre Baal. Convoque donc tout le peuple sur le Mont Carmel. C'est là que se décidera qui est le Dieu unique». Le roi Achab convoqua tout le monde. Non seulement les prophètes et les prêtres de Baal, mais aussi beaucoup d'Israélites grimpèrent au Mont Carmel.

Elie dit: «Construisez un autel et placez-y une victime. Ensuite priez votre dieu. Il enverra peut-être le feu du ciel et acceptera votre sacrifice». Les prêtres et les prophètes de Baal construisirent un autel et y placèrent la victime. Ils prièrent de l'aube jusqu'à midi et ils crièrent de midi jusqu'au soir: «Baal, exauce-nous!» Mais ils crièrent en vain: il ne se passa rien.

Le soir venu, Elie construisit un autel pour le Dieu d'Israël. Il plaça la victime sur l'autel et l'arrosa d'eau. Ensuite il pria ainsi: «Seigneur, tu es le Dieu d'Abraham, le Dieu d'Isaac et le Dieu de Jacob. Montre à tous que tu es le Dieu d'Israël et que je suis ton serviteur. Exauce-moi, Seigneur, exauce-moi!» Le feu tomba du ciel et la victime se consuma. Tous ceux qui étaient là furent épouvantés. Ils crièrent: «Le Seigneur est Dieu! Le Seigneur est Dieu!» Bientôt des nuages arrivèrent et la pluie tomba sur la terre desséchée. (1 R 18)

32. Dieu rappelle à lui Elie

Elie se rendit compte que Dieu allait le rappeler à lui. Il traversa alors le Jourdain, car il voulait être seul. Mais Elisée, son disciple, ne voulut pas le laisser seul et l'accompagna. Elisée vit comme un violent tourbillon de feu. Celui-ci descendit du ciel et saisit Elie qui fut enlevé comme sur un char.

Quand Elisée retraversa seul le Jourdain, il rencontra un groupe de cinquante disciples de prophètes. Ils lui demandèrent: «Où est Elie? Nous allons le chercher. - Vous ne le trouverez pas» répondit Elisée. Ils cherchèrent Elie pendant trois jours sans le trouver. Ils revinrent et dirent: «Dieu a rappelé à lui le prophète dans un char de feu». Depuis lors, on croit parmi le peuple d'Israël que, à la fin des temps, Dieu renverra son messager Elie sur la terre. (2 R 2)

33. Les affamés sont rassasiés

Un homme vint voir le prophète Elisée et lui apporta vingt pains d'orge et un sac de grains. Elisée dit à son serviteur: «Distribue-les pour que tous puissent manger». Le serviteur répondit: «Comment cent hommes peuvent-ils manger à leur faim avec cela?» Mais Elisée répéta: «Donne-leur à manger. Tu verras qu'il y aura encore des restes». Le serviteur fit la distribution et quand tous eurent mangé, il y eut des restes, tout comme le Seigneur l'avait dit par la bouche d'Elisée. (2 R 4, 42s.)

34. Un signe de Dieu pour son peuple

Au temps où Achaz était roi à Jérusalem, deux autres rois lui déclarèrent la guerre. Ils assiégèrent Jérusalem avec leurs soldats. Alors, le coeur du roi trembla, et le coeur du peuple trembla aussi - comme tremblent les arbres de la forêt sous la tempête.

Le roi Achaz allait inspecter les canaux. Le prophète Isaïe se rendit au même endroit. Il transmit au roi un message de Dieu: «Ne te trouble pas, n'aie pas peur. Ces deux-là te veulent du mal. Tiens bon avec Dieu et il tiendra bon avec toi». Isaïe dit encore: «Dieu veut te donner un signe pour que tu sois sûr de son aide, quel que soit le signe que tu demandes». Achaz refusa quand même l'offre: «Je ne veux pas demander un signe à Dieu». Alors, Isaïe lui dit: «Dieu donnera quand même un signe. Voici que la vierge attendra un enfant. Elle aura un fils et elle l'appellera Emmanuel, ce qui signifie: Dieu est avec nous». (Is 7)

35. Le prophète Amos accuse

Le Seigneur dit: «Quel que soit le nombre de crimes commis par Juda, je ne reviendrai pas sur ma parole! Ils ont méprisé ma parole et n'ont pas suivi mes commandements. Ils se sont laissés égarer par les idoles, exactement comme leurs pères. Pour cela, j'enverrai le feu contre Juda et les palais de Jérusalem brûleront!»

Le Seigneur dit: «Quel que soit le crime commis par Israël, je ne reviendrai pas sur ma parole. Ils ont vendu l'innocent pour de l'argent. Ils ont écrasé les petits dans la poussière; au faible ils ont refusé la justice.

Pour cela, je ferai vaciller la terre comme vacille le chariot à la moisson, sous le poids des gerbes. Même l'homme le plus rapide ne pourra pas s'échapper, la force du plus fort faiblira, le plus courageux perdra courage». (Am 2)

36. Jérémie met en garde contre le châtiment de Dieu

Le peuple qui vivait dans l'alliance avec Dieu n'était pas très nombreux. Ses troupes ne pouvaient pas se mesurer avec les armées des peuples puissants. Elles ne furent pas capables de résister aux Assyriens qui occupèrent le pays et chassèrent beaucoup de gens de leur patrie, vers des pays étrangers. Les croyants reconnurent dans ces événements la punition divine, celle dont Dieu les avait menacés par les prophètes.

A Jérusalem, Jérémie avertit: «Voici vingt-trois ans déjà que je suis prophète de Dieu. Je vous ai transmis toutes ses paroles mais vous n'écoutez pas. Je vous ai dit: Revenez de vos mauvais chemins. Arrêtez de faire le mal. Alors, vous resterez dans le pays que Dieu vous a donné pour toujours, à vos pères et à vous. Mais vous ne m'avez pas écouté: c'est pourquoi le Seigneur dit: Je fais venir des peuples du nord. Je me sers de Nabuchodonosor, le roi de Babylone. Je le laisse se jeter sur vous et sur vos voisins et il détruira votre pays. Vous devrez servir le roi de Babylone!»

Tout cela arriva: Nabuchodonosor et son armée assiégèrent la ville de Jérusalem. Alors on ne pouvait plus acheter de pain et la détresse était grande. Puis les Babyloniens firent des brèches dans les remparts. Ils pénétrèrent dans la ville, brûlèrent le temple, le palais du roi et les grandes maisons. Les remparts de Jérusalem furent abattus et les Babyloniens prirent les vases sacrés du temple comme butin. Tous les notables et même les artisans durent s'exiler à Babylone. Seuls des pauvres gens, des paysans et des vignerons purent rester dans leur patrie. (Jer 25; 52)

37. Dieu veut pardonner à son peuple

Dieu parla à son peuple par la bouche d'Ezéchiel: «Parce que vous m'avez trahi, parce que vous n'avez pas écouté ma parole et que vous avez désobéi à mes commandements, vous avez perdu votre pays et vous devez vivre en exil. Mais les Babyloniens disent: C'est pourtant bien le peuple de Dieu? Pourquoi ont-ils perdu leur pays? Ils se moquent de vous et de moi. Mais ils sauront que je suis le Seigneur. Je vous rassemblerai et je vous reconduirai dans votre pays! Je ferai de vous des hommes nouveaux; des hommes qui me servent. J'ôte de votre poitrine le coeur de pierre, je vous donne un coeur d'homme. Je vous donne mon Esprit pour que vous respectiez et exécutiez mes commandements. Vous vivrez dans le pays que j'ai donné à vos ancêtres. Vous serez mon peuple et moi je serai votre Dieu». (Ez 36, 20-28)

38. Retour de Babylone

Les exilés de Juda et de Jérusalem durent rester environ quarante ans à Babylone. Puis Cyrus, roi des Perses, conquit Babylone et fit proclamer dans tout son royaume: «Le Seigneur, le Dieu des cieux, m'a

donné le pouvoir sur tous les royaumes de la terre. Il m'a chargé de reconstruire sa maison à Jérusalem. Tous ceux qui appartiennent au peuple de Dieu doivent retourner à Jérusalem et ils doivent y reconstruire le temple».

Alors tous ceux qui s'étaient laissés toucher par l'esprit de Dieu se mirent en route. Leurs voisins leur donnèrent de l'or et de l'argent, du bétail et d'autres cadeaux. Le roi Cyrus ordonna d'apporter les vases sacrés que Nabuchodonosor avait volés au temple et emportés à Babylone. (Esd 1)

39. Chant du retour

Quand le Seigneur ramena
les captifs à Jérusalem,
nous étions comme en rêve!
Alors notre bouche était pleine de rires,
nous poussions des cris de joie.
Alors on disait parmi les nations:
«Quelles merveilles fit pour eux le Seigneur!»
Oui, quelles merveilles le Seigneur fit pour nous:
nous étions en grande fête! (Ps 126)

L'ATTENTE DU MESSIE

40. Le peuple juif

Les familles qui rentrèrent des terres étrangères de Babylone, étaient originaires de la région de la tribu de Juda, de Jérusalem et des environs. Elles formèrent le noyau du peuple juif. Elles voulaient vivre comme leurs pères avaient vécu. Mais rien n'était plus comme avant. Les Babyloniens avaient établi des étrangers dans Jérusalem et aux alentours; ceux-ci vivaient selon leurs propres coutumes et servaient leurs dieux.

Les remparts qui avaient protégé Jérusalem étaient rasés. Le temple que Salomon avait construit était un tas de ruines. Les juifs reconstruisirent leurs maisons et les murs autour de Jérusalem. La seconde année après leur retour, ils posèrent la première pierre du deuxième temple.

Les Juifs vivaient de nouveau dans leur pays. Mais leur pays appartenait aux grands empires de rois étrangers. Ceux-ci envoyaient leurs soldats, leurs receveurs d'impôts et leurs gouverneurs à Jérusalem. Il y eut des moments où les étrangers essayèrent de détourner les Juifs de la foi d'Abraham et des moments où un roi étranger voulut forcer tous ceux qui appartenaient à son royaume à vivre à sa manière et à servir ses dieux.

Durant ces siècles, les prêtres de Jérusalem rassemblaient les traditions saintes. En ce temps-là, les hommes pieux observaient les lois et les instructions de Dieu. Ils apprenaient à comprendre de nouveau Dieu et son alliance. Ils attendaient le roi, le libérateur que Dieu avait promis à son peuple. Ils furent persécutés et torturés. Mais, même dans la mort, ils confessaient leur foi dans le Dieu vivant qui peut sauver les siens, même à travers la mort. (Esd, Ne, Macc)

41. Job demande une réponse à Dieu

Job était un homme pieux. Il avait confiance en Dieu et se méfiait du mal. C'était un homme riche. Il avait sept fils, trois filles, beaucoup de brebis, de chameaux, de boeufs et d'ânesses. Il n'était pas difficile pour Job de rester fidèle à Dieu qui lui avait tout donné.

Mais Dieu mit Job à l'épreuve. Des bandes de voleurs attaquèrent par surprise les troupeaux de Job. Ils tuèrent les bergers et volèrent les animaux. Job ne perdit pas la tête car il avait confiance en Dieu. Bientôt un deuxième malheur le frappa. Alors que ses fils et ses filles se trouvaient autour d'une même table, une tornade s'abattit sur la maison. Les filles et les fils de Job furent écrasés par les ruines. En apprenant ce malheur, Job dit: «J'étais nu en venant au monde. Je serai nu en mourant. Le Seigneur donne, il prend. Je chante sa louange».

Mais un malheur plus grand encore le frappa. Il attrapa la lèpre et son corps se couvrit d'ulcères. Le riche Job était maintenant assis sur un tas de cendres et se grattait avec un morceau de verre. Sa femme vint le voir et lui dit: «Voilà où te mène ta confiance en Dieu! Maudis Dieu et meurs». Mais Job lui répondit: «Tu parles comme quelqu'un qui ne connaît pas Dieu. Si nous acceptons de Dieu le bonheur qu'il nous envoie, ne devons-nous pas accepter de sa main aussi le malheur?»

Job avait trois amis. Quand ils entendirent parler de son malheur, ils vinrent près de lui pour le consoler. Mais quand ils le virent dans son malheur, ils se mirent à pleurer. Ils s'assirent à côté de lui pendant sept jours et sept nuits. Ils ne disaient pas un mot, car ils voyaient que Job avait très mal. Alors Job se mit à parler, et à discuter avec Dieu. Il se plaignit de ses souffrances et s'en prit à Dieu qui avait fait tomber tant de malheurs sur lui alors qu'il était innocent.

Les amis de Job eurent peur et voulurent prendre la défense de Dieu en disant: «Comment peux-tu accuser Dieu? Tout le monde sait qu'il est juste. Il récompense le bien et punit le mal. Il ne t'aurait pas envoyé ces souffrances, si tu n'avais pas mérité une punition». Mais Job était sûr de lui. Il demanda à Dieu de lui expliquer pourquoi lui, homme pieux, avait mérité ces malheurs.

Les amis parlèrent et parlèrent encore pour persuader Job qu'il avait tort, car Dieu ne peut pas être injuste. Mais Job persista. Il voulait savoir pourquoi Dieu récompense la fidélité par le malheur. Dieu parla à Job au milieu de la tempête: «Qui es-tu pour me demander des comptes? Pourquoi parles-tu de choses que tu ne peux pas comprendre? Où étais-tu quand j'ai posé les fondements de la terre? As-tu séparé la terre et la mer? As-tu fixé un temps pour le jour et un temps pour la nuit? Fais-tu monter les étoiles au firmament? Donnes-tu à manger aux animaux?» Job entendit ces questions. Il ne trouva pas de réponse. Et

il reconnut qu'on ne peut pas comprendre la grandeur de Dieu. Il est tellement grand que, même quand on ne comprend pas ses plans, on peut avoir confiance en lui.

Job répondit au Seigneur: «Maintenant, je sais que tu peux tout. Quels que soient tes plans, tu peux les réaliser. C'est dans mon ignorance que je t'ai demandé des comptes. Tes plans sont admirables. Je ne peux pas les comprendre. Jusqu'à présent, je ne t'avais connu que par ouï-dire. Mais maintenant, mes yeux t'ont vu. Je retire tout ce que j'ai dit et je te fais confiance». (Jb)

42. Jonas apprend à connaître Dieu

Dieu dit à son prophète Jonas: «Mets-toi en route! Va à Ninive, la capitale du royaume des Assyriens, et dis à tous ceux qui y habitent que mon châtiment va se déchaîner sur eux». Mais Jonas ne voulait pas aller à Ninive. Il s'enfuit sur un bateau qui devait partir au loin. Il voulait partir, partir très loin de Dieu.

Mais Dieu envoya sur la mer une tempête qui secoua le bateau dans tous les sens. Tous eurent peur et chacun pria son dieu. Mais Jonas dormait au fond du bateau. Le capitaine le réveilla: «Comment peux-tu dormir? Lève-toi! Prie ton dieu, peut-être nous sauvera-t-il?» Les matelots dirent entre eux: «Tirons au sort et nous verrons qui est responsable de ce malheur». Le sort tomba sur Jonas. Et Jonas dit: «Jetez-moi à la mer et vous serez sauvés, car c'est à cause de moi que cette tempête est tombée sur vous». Les matelots ramèrent de toutes leurs forces. Mais ils durent constater qu'ils étaient impuissants en face de la tempête. Alors ils prièrent: «Seigneur, ne compte pas ce que nous allons faire comme une faute contre un innocent». Ils attrapèrent Jonas, le jetèrent à la mer et, au même moment, la mer se calma.

Le Seigneur envoya un grand poisson qui avala Jonas. Celui-ci resta trois jours et trois nuits dans le ventre du poisson. Là il pria le Seigneur son Dieu. Le poisson nagea jusqu'au rivage et recracha Jonas. Encore une fois, Dieu lui ordonna: «Va à Ninive, la grande ville! Tu y annonceras tout ce que je te dirai». Jonas se rendit à Ninive. Il cria: «Encore quarante jours et Ninive sera détruite».

Les gens de Ninive écoutèrent Jonas. Ils crurent Dieu et commencèrent un long jeûne. Ils se mirent tous des vêtements de deuil, les grands et les petits, les riches et les pauvres, le peuple tout entier. Dieu vit la conversion des habitants de Ninive et il retira sa menace. Mais Jonas était mécontent et fâché. Il pria: «Ah! Seigneur, je ne voulais pas aller à Ninive. Je savais bien que tu aimes les hommes et que tu leur pardonnes. J'aurais préféré mourir, plutôt que de vivre cela!».

Jonas quitta la ville en direction de l'Est. Il s'assit et attendit ce qui allait se passer. Dieu fit alors pousser un ricin pour donner de l'ombre à Jonas et Jonas s'en réjouit. Mais, pendant la nuit, un ver rongea les racines et la plante se fana. Le soleil était brûlant et Jonas ne pouvait supporter cette chaleur. Il dit: «J'aimerais mieux être mort!» Mais Dieu lui dit: «Tu re-

grettes un ricin qui a poussé en une nuit et qui s'est fané en une nuit? Et moi, je ne regretterais pas la grande ville de Ninive avec ses nombreux enfants et ses nombreux animaux?». (Jon)

43. Le règne de Dieu

Le prophète Daniel décrit la vision que Dieu lui donna: «On installa des trônes et un ancien s'assit. Son vêtement était blanc comme la neige, ses cheveux comme de la laine pure. Son trône était en flammes de feu, les roues de feu ardent, et un fleuve de feu en coulait. Mille milliers le servaient et des myriades de myriades se tenaient debout devant lui».

«Alors, on vit venir sur les nuages du ciel comme un fils d'homme. Il s'avança jusqu'à l'ancien et fut conduit en sa présence. L'ancien lui donna puissance, honneur et pouvoir royal. Tous les peuples, les hommes de toutes les langues et de toutes les races le servaient. Son empire est un empire éternel qui ne périt pas. Son royaume ne sera jamais détruit». (Dn 7, 9-14)

44. Le chant du serviteur de Dieu

Un prophète chante les chants du serviteur qui fait en toute chose la volonté de Dieu. Par lui, par son obéissance, la justice de Dieu et son salut viennent sur terre:

«Voici mon serviteur que je soutiens. C'est mon élu, je l'aime. Je lui ai donné mon Esprit, il annonce la vérité aux peuples. Il ne crie pas, il ne fait pas de bruit, il ne fait pas entendre sa voix dans les rues. Il ne brise pas le roseau froissé, il n'éteint pas la flamme qui faiblit. Il présente le droit avec fidélité. Il ne faiblira pas, il ne cèdera pas jusqu'à ce qu'il ait établi mon droit sur terre. Les îles les plus lointaines attendent son enseignement». (Is 42, 1-4)

45. Le monde nouveau de Dieu

Ainsi parle le Seigneur: «Voici que je fais toute chose nouvelle: un ciel nouveau et une terre nouvelle. On ne se souviendra plus du passé. Vous serez heureux et vous pousserez des cris de joie devant ce que je crée. On ne pleurera plus et on ne se plaindra plus. Les nouveau-nés ne mourront plus au bout de quelques jours. Les hommes ne mourront plus au milieu de leur vie. Ils deviendront aussi vieux que des arbres. Personne ne leur prendra ce qu'ils auront gagné par leur travail. Avant même qu'ils ne m'appellent, je leur répondrai. Pendant qu'ils parlent encore, je les exauce. Alors, le loup et l'agneau paîtront ensemble. Le lion comme le boeuf mangera de la paille. Aucun ne fera de mal, aucun ne provoquera de malheur». (Is 65, 17-25)

LIVRES DU NOUVEAU TESTAMENT

DIEU TIENT PAROLE: JESUS EST LE MESSIE

46. Il est le Fils du Très-Haut

Dieu envoya à Nazareth son ange Gabriel comme messager à une vierge appelée Marie. Elle était fiancée à Joseph, un homme de la famille du roi David.

Gabriel entra chez Marie et lui dit:»Réjouis-toi, Marie! Dieu est avec toi. Il t'a choisie». Marie eut peur et se demanda ce que ces paroles voulaient dire. Gabriel lui dit: «N'aie pas peur, Marie, car tu as trouvé grâce auprès de Dieu. Dieu t'aime. Tu attendras un enfant; tu auras un fils. Tu lui donneras le nom de Jésus. Il sera grand et on l'appellera Fils du Très-Haut».

Marie demanda: «Comment cela se fera-t-il, puisque je ne connais pas d'homme?» Gabriel lui répondit: «L'Esprit Saint, la puissance du Très-Haut, descendra sur toi. Pour Dieu rien n'est impossible». Marie dit alors: «Je suis la servante du Seigneur. Qu'il m'arrive ce que Dieu veut».(Lc 1, 27-38)

47. Il s'appelle Emmanuel: «Dieu avec nous»

Joseph était un homme juste et pieux. Il remarqua que Marie, sa fiancée, attendait un enfant. Comme il l'aimait et ne voulait pas lui faire de tort, il pensa se séparer d'elle, sans attirer l'attention de personne. Mais dans la nuit, il vit un messager de Dieu, un ange qui lui dit: «Joseph, fils de David, ne crains rien. Prends Marie chez toi. L'enfant qu'elle attend vient de l'Esprit de Dieu. Elle aura un fils et tu lui donneras le nom de Jésus. Car il réconciliera le peuple avec Dieu». Ainsi s'accomplit ce qu'avait dit le prophète Isaïe: «Voici que la vierge attendra un enfant. Elle aura un fils; on lui donnera le nom d'Emmanuel. Cela veut dire: Dieu est avec nous». (Mat 1)

48. Il nait à Bethléem

En ces jours-là, l'empereur Auguste régnait à Rome. Il donna cet ordre: «Tous ceux qui vivent dans mon empire doivent se faire recenser, chacun dans le lieu d'où sa famille est originaire». C'est ainsi que Joseph alla avec Marie de Nazareth à Bethléem, ville natale de la famille de David. Là, Marie eut son fils premier-né. Elle l'enveloppa de langes et le coucha dans une crèche car ils n'avaient pas trouvé de place à l'auberge.

Près de Bethléem, il y avait des bergers avec leurs troupeaux. L'Ange du Seigneur vint à eux et la splendeur de sa lumière les enveloppa. Les bergers eurent très peur. Mais l'ange leur dit: « Ne craignez pas, je vous annonce une grande joie, à vous et à tout le peuple. Aujourd'hui, dans la ville de David, un Sauveur est né. C'est le Seigneur. Vous le reconnaîtrez: c'est un enfant, enveloppé de langes et couché dans une crèche».

Tout à coup, il y eut beaucoup d'anges dans le champ. Ils louaient Dieu et proclamaient: « Gloire à Dieu au plus haut des cieux et paix sur la terre aux hommes qu'il aime». Alors les bergers se retrouvèrent seuls et se dirent: «Venez, allons à Bethléem pour voir ce qui est arrivé là-bas». Ils partirent aussitôt et trouvèrent Marie, Joseph et l'enfant couché dans la crèche. Ils virent et racontèrent ce que Dieu leur avait dit au sujet de cet enfant. Tous ceux qui

les entendirent furent émerveillés. Marie gardait et méditait tous ces événements dans son coeur. Les bergers retournèrent à leur troupeau. Ils chantaient des cantiques de louange et remerciaient Dieu pour tout ce qu'ils avaient vu et entendu. Quand l'enfant eut huit jours, on lui donna le nom que Gabriel avait indiqué: «Jésus», ce qui veut dire: «Dieu sauve». (Luc 2, 1-21)

49. Il est le roi des Juifs

A l'époque de la naissance de Jésus, Hérode régnait à Jérusalem. Des savants vinrent de l'Orient jusqu'à Jérusalem. Ils demandèrent: «Où est le roi des Juifs qui vient de naître? Nous avons vu son étoile se lever. Nous sommes donc venus lui rendre hommage».

Quand le roi Hérode entendit cela, il fut troublé, ainsi que tous les habitants de Jérusalem. Il fit venir des prêtres et des maîtres d'Ecriture Sainte. Il leur demanda: «Où doit naître le Messie, le sauveur?». Ils lui répondirent: «Il naîtra à Bethléem car ainsi parle le prophète Michée: Toi, Bethléem en terre de Juda, tu es une ville importante, une ville de prince, car c'est chez toi que naîtra celui qui conduira et gouvernera le peuple d'Israël».

Hérode envoya les savants à Bethléem: «Allez, cherchez l'enfant et quand vous l'aurez trouvé, dites-le moi, afin que moi aussi, je puisse y aller et lui rendre hommage». Quand les savants se mirent en route, l'étoile qu'ils avaient vue en Orient les précéda. Elle s'arrêta au-dessus de la maison où se trouvait Jésus. Alors, ils se réjouirent de tout coeur. Ils entrèrent dans la maison, trouvèrent Marie et l'enfant, s'inclinèrent profondément devant lui et lui rendirent hommage. Puis ils lui offrirent leurs présents: de l'or, de l'encens et de la myrrhe. Mais, dans la nuit, Dieu leur ordonna de ne pas retourner chez Hérode et ils rentrèrent dans leur pays par un autre chemin. (Mt 2, 1-12)

50. Il est persécuté

La nuit, dans un rêve, Dieu ordonna à Joseph: «Lève-toi! Prends l'enfant et sa mère, va en Egypte et restes-y jusqu'à ce que je te prévienne, car Hérode va chercher l'enfant pour le tuer». La nuit-même, Joseph se leva et s'enfuit en Egypte avec Marie et l'enfant.

Hérode se rendit compte que les savants ne revenaient pas à Jérusalem. Il fut pris de rage et donna cet ordre: «Tuez tous les garçons de moins de deux ans à Bethléem et dans les environs». Après la mort d'Hérode, un ange de Dieu dit à Joseph dans un rêve: «Lève-toi! Prends l'enfant et sa mère et retournez dans le pays d'Israël». Joseph se leva. Il retourna avec Marie et l'enfant Jésus au pays d'Israël. Ils s'installèrent à Nazareth. (Mt 2, 13-23)

51. Il appartient à Dieu

Chaque année, les parents de Jésus allaient à Jérusalem pour la fête de la Pâque. Quand Jésus eut douze

ans, ils l'emmenèrent avec eux. A la fin de la fête, ils prirent le chemin du retour, mais Jésus resta à Jérusalem. Ses parents ne s'en étaient pas rendu compte. Le soir, ils le cherchèrent parmi leurs parents et leurs amis. Comme ils ne le trouvaient pas, ils retournèrent à Jérusalem et cherchèrent l'enfant dans toute la ville. Ils ne le retrouvèrent que le troisième jour, dans le temple. Jésus était assis parmi les maîtres d'Ecriture Sainte. Il les écoutait et posait des questions. Tous étaient émerveillés de la façon dont il questionnait et répondait.

Quand ses parents le virent, ils furent très émus et sa mère lui dit: «Mon enfant, pourquoi as-tu fait cela? Ton père et moi, nous t'avons cherché, très inquiets». Jésus leur répondit: «Pourquoi m'avez-vous cherché? Ne savez-vous donc pas que ma place est dans la maison de mon Père?» Puis il retourna avec eux à Nazareth et il leur était soumis. (Lc 2, 41-52)

52. La profession de foi de Jean-Baptiste

Jean-Baptiste, fils du prêtre Zacharie et d'Elisabeth son épouse, vivait dans le désert. Quand Dieu l'appela pour en faire son messager, il se rendit dans la région du Jourdain et annonça aux gens: «Convertissez-vous! Changez votre vie. Faites-vous baptiser dans le Jourdain pour que Dieu vous pardonne vos fautes». C'était comme il est écrit dans le livre du prophète Isaïe: «Une voix crie dans le désert: préparez un chemin pour le Seigneur, nivelez une route pour Dieu. Tout ravin sera comblé, toute montagne et toute colline seront abaissées. Ce qui est tortueux deviendra droit et ce qui est raboteux sera nivelé. Et toutes les créatures vont vivre le salut que Dieu donne». (Is 40, 3-5)

Beaucoup de gens venaient vers Jean près du Jourdain. Ils se faisaient baptiser et demandaient: «Que devons-nous faire?» Jean disait: «Que celui qui a deux vêtements en donne un à qui n'en n'a pas. Que celui qui a à manger partage avec celui qui a faim». Aux receveurs d'impôts, il dit: «Ne prenez pas plus que ce qui est fixé». Et aux soldats: «Ne pillez pas, ne faites du chantage à personne et contentez-vous de votre solde».

Beaucoup pensaient que Jean était le Messie, le sauveur. Mais Jean leur dit: «Moi, je ne baptise que dans l'eau. Après moi viendra quelqu'un qui est plus puissant que moi. Je ne suis pas digne de dénouer les lacets de ses sandales. Lui vous baptisera dans l'Esprit Saint et dans le feu du jugement». (Lc 3, 1-18)

53. Le témoignage du Père

Quand Jésus eut environ trente ans, il vint auprès de Jean, au bord du Jourdain. Il se fit baptiser comme les autres. Puis il pria. Alors, le ciel s'ouvrit et l'Esprit Saint descendit sur Jésus comme une colombe descend en planant. Du ciel vint une voix: «Tu es mon Fils bien-aimé. Tu as toute ma faveur». (Lc 3, 21-23)

JESUS GUERIT ET ENSEIGNE: «CHANGEZ VOTRE VIE»

54. Le message de Jésus

Jésus se rendit en Galilée. Il annonça l'Evangile de Dieu et dit: «Le temps est accompli. Maintenant le règne de Dieu commence. Convertissez-vous et croyez à la bonne nouvelle que je vous apporte». (Mc 1, 14-15)

Quand Jésus vint à Nazareth, la ville où il avait grandi, il entra le jour du sabbat dans la maison de prière. Il y lut un passage du livre du prophète Isaïe: «L'Esprit de Dieu, du Seigneur, est sur moi, parce qu'il m'a choisi. Il m'a envoyé porter la bonne nouvelle aux pauvres; dire aux captifs: Vous êtes libres; aux aveugles: Recouvrez la vue; aux opprimés: Vous êtes libérés; et proclamer le temps où Dieu montre sa miséricorde».

Jésus déclara à tous ceux qui étaient dans la maison de prière: «La parole que vous venez d'entendre s'est accomplie aujourd'hui». D'abord, ils furent tous enchantés. Mais ensuite, ils se dirent: «N'est-ce pas là le fils de Joseph?» Jésus leur dit: «Amen, je vous le dis, personne n'est prophète dans son pays». Quand les gens qui étaient dans la maison de prière entendirent cela, ils devinrent furieux. Ils bondirent, poussèrent Jésus hors de la ville et voulurent le précipiter du haut d'une montagne. Mais ils ne purent rien lui faire. (Lc 4, 16-30)

55. Des pêcheurs décident de suivre Jésus

Jésus arriva au bord du lac de Galilée. Là, il vit Simon , qu'on appelle aussi Pierre, et son frère André. Ils venaient de jeter leurs filets car ils étaient pêcheurs. Jésus leur dit: «Venez, suivez moi. Je ferai de vous des pêcheurs, des pêcheurs d'hommes». Aussitôt, tous les deux laissèrent là leurs filets et suivirent Jésus.

Peu de temps après, Jésus vit Jacques, le fils de Zébédée, et son frère Jean. Ils étaient dans la barque avec leur père, en train de préparer leurs filets. Jésus les appela. Aussitôt, laissant leur barque et leur père, ils le suivirent. (Mt 4,18-22)

56. Un paralytique marche

Jésus revint à Capharnaüm. Bientôt, tout le monde sut qu'il était à la maison. Les gens accoururent tous ensemble, ils se pressèrent dans la maison et devant la porte. Jésus disait à tous que Dieu les aime.

Alors, arrivèrent quatre hommes qui portaient un paralytique. Ils voulaient amener leur ami près de Jésus, mais la foule ne voulait pas reculer. Ils ne pouvaient pas passer. Tous les quatre grimpèrent sur le toit qui était plat. Ils firent un trou dans le plafond, au-dessus de l'endroit où Jésus se trouvait, puis ils descendirent le paralytique sur son brancard. Jésus vit que ces hommes avaient confiance en lui. Il dit au paralytique: «Ta faute t'est pardonnée».

Quelques maîtres d'Ecriture Sainte entendirent ce que Jésus disait. Ils pensèrent: «Comment peut-il parler ainsi? C'est un blasphème. Aucun homme ne peut pardonner des péchés. Dieu seul le peut». Mais Jésus savait ce qu'ils pensaient. Il leur dit: «Qu'en pensez-vous? Quel est le plus facile à dire: Tes péchés te sont pardonnés - ou bien: Paralytique, lève-toi, prends ton brancard et marche? Vous devez savoir que par la toute-puissance du Père, je peux pardonner les péchés sur la terre». Et il dit au paralytique: «Lève-toi! Prends ton brancard et retourne chez toi!» A l'instant même, l'homme se leva, prit son brancard et s'en alla. Tous purent voir cela et louèrent Dieu en se disant: «Jamais nous n'avons rien vu de pareil». (Mc 2,1-12)

57. Jésus appelle un pécheur

Les receveurs d'impôts n'avaient pas bonne réputation. Ils exigeaient souvent plus de taxes que ce qui était prévu et travaillaient pour le compte de l'occupant romain. Pour cette raison, les pharisiens ne voulaient rien avoir à faire avec eux.

Un jour, Jésus passa le long du lac. Il vit Lévi, qu'on appelle aussi Matthieu, un receveur d'impôts, assis à son bureau de recette des taxes. Jésus lui dit: «Viens, suis-moi!» Lévi se leva et suivit Jésus. Alors que Jésus prenait son repas chez Lévi, beaucoup de receveurs d'impôts et de pécheurs mangeaient avec lui et avec ses disciples. Les pharisiens et les maîtres d'Ecriture Sainte virent cela et dirent aux disciples: «Comment peut-il manger seulement avec des pécheurs?» Jésus les entendit et leur dit: «Ce ne sont pas les gens bien portants qui ont besoin du médecin, mais les malades. Je ne suis pas venu pour appeler les justes, mais les pécheurs». (Mc 2, 13-17)

58. Jésus choisit douze apôtres

Jésus grimpa sur une montagne. Il appela les disciples, ceux qu'il avait choisis, et ils vinrent à lui: ils étaient douze hommes. Ils devaient toujours rester à côté de lui pour voir ce qu'il faisait et pour entendre ce qu'il disait. Il voulait envoyer ces douze pour être ses apôtres et transmettre la bonne nouvelle, et pour que, par sa puissance, ils guérissent les malades. Les douze étaient: Simon, à qui il donna le nom de Pierre, Jacques et son frère Jean, puis André, Philippe, Barthélémy, Matthieu, Thomas, Jacques - le fils d'Alphée-, Thaddée, Simon et Judas Iscariote qui, plus tard, allait le trahir. (Mc 3, 13-19)

59. Jésus choisit un peuple

Jésus traversait la Galilée. Il enseignait dans les maisons de prière et proclamait l'Evangile de Dieu. Il guérissait tous les malades et les souffrants. On parlait de lui dans tout le pays. Les gens accouraient vers lui de tous les côtés. Quand Jésus vit tout ce monde, il grimpa sur une montagne. Il s'assit et ses disciples vinrent près de lui. Jésus commença à enseigner:

«Tous ceux qui savent qu'ils sont pauvres devant Dieu peuvent se réjouir: le Royaume des Cieux leur appartient.

Tous ceux qui sont affligés peuvent se réjouir: Dieu les consolera.

Tous ceux qui n'emploient pas la violence peuvent se réjouir: Dieu leur fera posséder la terre.

Tous ceux qui désirent que la volonté de Dieu se fasse peuvent se réjouir: Dieu réalisera leur désir.

Tous ceux qui sont miséricordieux peuvent se réjouir: Dieu sera miséricordieux envers eux.

Tous ceux qui ont un coeur pur peuvent se réjouir: ils verront Dieu.

Tous ceux qui rétablissent la paix peuvent se réjouir: Dieu les recevra comme ses enfants.

Tous ceux qui sont persécutés parce qu'ils tiennent à la volonté de Dieu peuvent se réjouir: le Royaume des cieux est à eux». (Mt 4, 23-25; 5, 1-10)

60. Règles de vie de Jésus

«Vous connaissez le commandement qui dit: Ne tue pas. Celui qui tue un autre en répondra au tribunal: Eh bien ! moi je vous dis: Celui qui se fâche contre son frère en répondra au tribunal». (Mt 5, 21)

«Si tu es en route pour porter une offrande à Dieu et que tu te rappelles que ton frère a quelque chose contre toi, laisse ton offrande devant l'autel, fais demi-tour et réconcilie-toi avec ton frère. Puis reviens et présente ton offrande». (Mt 5, 23)

«Vous connaissez le commandement qui dit: Les époux doivent rester fidèles l'un à l'autre. Eh bien! moi je vous dis: Celui qui désire une autre femme ou celle qui désire un autre homme , ne fût-ce que dans son coeur, a déjà trahi». (Mt 5, 27-28)

«Vous avez appris: Aime ton prochain et hais tes ennemis. Eh bien! moi je vous dis: Aimez vos ennemis et faites du bien à ceux qui vous font du mal. Si vous faites cela, vous êtes des enfants de votre Père du ciel. Il fait bien lever son soleil sur les méchants comme sur les bons. Il envoie la pluie aux justes comme aux injustes!» (Mt 5, 43-45)

«Aimez vos ennemis, aidez-les et prêtez-leur ce qui leur manque, même si vous ne pouvez rien attendre en échange. Dieu vous en récompensera: vous serez ses enfants. Il est bon pour les ingrats et pour les pécheurs. Soyez miséricordieux comme lui». (Lc 6, 35-36)

«Ne vous jugez pas les uns les autres et Dieu ne vous jugera pas. Ne condamnez personne et Dieu ne vous condamnera pas. Pardonnez-vous vos fautes les uns aux autres et Dieu vous pardonnera. Donnez et Dieu vous donnera». (Lc 6, 37-38)

61. La prière des disciples

Jésus dit à ses disciples: «Voici comment vous devez prier: Notre Père qui es au cieux, que ton Nom soit sanctifié. Que ton règne vienne, que ta volonté soit faite sur la terre comme au ciel. Donne-nous aujourd'hui notre pain de ce jour. Pardonne-nous nos offenses, comme nous pardonnons aussi à ceux qui nous ont offensés. Et ne nous soumets pas à la tentation, mais délivre-nous du Mal». (Mt 6, 9-13)

62. Jésus rend la vie à un mort

Jésus arriva avec ses disciples dans la ville de Naïn. Beaucoup de gens les accompagnaient. A la porte de la ville, ils croisèrent un cortège funèbre. On allait enterrer un jeune homme, fils unique de sa mère. Cette dernière était veuve et allait maintenant être toute seule. Des voisins et des amis l'accompagnaient vers la tombe.

Jésus vit la femme et eut pitié d'elle. Il lui dit: «Ne pleure pas». Il s'approcha de la civière et la toucha. Les porteurs s'arrêtèrent et Jésus dit au jeune homme: «Je te l'ordonne, lève-toi!» Alors, le mort se dressa et commença à parler. Ainsi, Jésus le rendit à sa mère.

Tous ceux qui étaient là furent saisis de peur. Ils louèrent Dieu et dirent: «Un grand prophète a surgi parmi nous et Dieu lui-même aide son peuple». Partout dans le pays, on racontait ce que Jésus faisait pour les hommes. (Lc 7, 11-17)

63. Pourquoi avez-vous peur?

Un soir, Jésus dit à ses disciples: «Nous allons traverser le lac vers l'autre rive». Ils montèrent dans la barque et larguèrent les amarres. Soudain, une violente tempête se leva sur le lac. Les vagues étaient énormes et la barque se remplissait d'eau, mais Jésus dormait à l'arrière du bateau. Les disciples le réveillèrent et lui crièrent: «Nous allons mourir et cela ne te fait rien?»

Alors Jésus se mit debout. Il menaça le vent et dit au lac: «Silence, calme-toi!» Le vent tomba et il se fit

un grand silence. Mais Jésus dit à ses disciples: «Pourquoi avez-vous peur? Pourquoi n'avez-vous pas la foi?» Alors les disciples prirent peur et se demandèrent: «Est-il plus qu'un homme? Même le vent et les vagues lui obéissent!» (Mc 4, 35-41)

64. Les affamés sont rassasiés

Jésus voulait être seul avec ses apôtres, mais les gens les suivaient. Jésus parlait à tous de la vie que Dieu donne gratuitement. Il guérissait tous ceux qui avaient besoin de son aide. Un soir, les douze s'approchèrent de lui et lui dirent: «Renvoie les gens dans les villages pour qu'ils trouvent un logement et de quoi manger. Ici, nous sommes isolés comme dans le désert». Mais Jésus leur répondit: «Donnez-leur vous-mêmes à manger!» Ils répliquèrent: «Nous n'avons que cinq pains et deux poissons. Il faudrait d'abord aller acheter quelque chose à manger pour toute cette foule». Il y avait environ cinq mille hommes, et encore des femmes et des enfants.

Mais Jésus leur ordonna: «Dites-leur de s'asseoir par groupes de cinquante». Les disciples firent ce que

Jésus leur avait commandé. Jésus prit alors les cinq pains et les deux poissons. Il leva les yeux au ciel, bénit les pains et les poissons. Puis il les rompit et les donna à ses disciples qui les distribuèrent. Tous ceux qui étaient là mangèrent à leur faim. Et il y eut même des restes: douze corbeilles pleines de morceaux de pain. (Lc 9,10-17)

65. Le pain de vie

Les gens qui avaient mangé ces pains se dirent entre eux: «C'est certainement un prophète que Dieu envoie dans le monde». Jésus savait qu'ils voulaient le forcer à devenir leur roi et il s'en alla.

Le lendemain, ils le cherchèrent à Capharnaüm. Ils le trouvèrent et lui demandèrent: «Depuis quand es-tu ici?» Mais Jésus leur répondit: «Je sais que vous me cherchez parce que vous avez mangé du pain à votre faim. Ne vous souciez donc pas du pain qui s'abîme mais souciez-vous de l'autre pain qui donne la vie éternelle».

Ils lui demandèrent: «Dieu, que veut-il de nous?» Jésus leur dit: « Dieu veut seulement une chose, que vous croyiez en celui qu'il a envoyé. Je suis le pain qui donne la vie. Celui qui tient à moi n'aura plus jamais faim. Celui qui croit en moi n'aura plus jamais soif». (Jn 6)

66. La profession de foi des disciples

Jésus priait dans un endroit isolé. Ses disciples étaient avec lui. Alors, il leur demanda: «Qu'est-ce que les gens pensent de moi?» Ils lui répondirent: «Certains pensent que tu es Jean-Baptiste. D'autres disent: Elie ou un autre prophète qui est revenu». Jésus demanda: «Et vous? Pour vous, qui suis-je?» Pierre répondit: «Nous croyons que tu es le Messie, le sauveur que Dieu a promis».

Jésus interdit à ses disciples de parler de cela avec d'autres. Il leur dit: «Le Fils de l'homme doit beaucoup souffrir. Les anciens du peuple, les grands prêtres et les maîtres d'Ecriture Sainte le rejettent. On le tuera, mais le troisième jour, il ressuscitera». Jésus disait cela de lui-même. (Lc 9, 18-22)

67. Le témoignage du Père

Jésus prit Pierre, Jacques et Jean avec lui sur la montagne. C'est là qu'il voulait prier. Pendant qu'il priait, l'aspect de son visage changea et ses vêtements rayonnèrent de blancheur. Tout à coup, il y eut là deux hommes qui parlaient avec Jésus: c'était Moïse et Elie. L'éclat du ciel les enveloppait et ils parlaient avec Jésus de ce qui allait lui arriver à Jérusalem selon les plans de Dieu.

Pierre et les deux autres apôtres s'étaient endormis. Ils se réveillèrent et virent Jésus dans une lumière éclatante. Ils virent aussi les deux hommes qui étaient avec lui. Alors que tous les deux allaient partir, Pierre dit: «Seigneur, qu'il fait bon ici. Dressons trois tentes, une pour toi, une pour Moïse et une pour Elie». Pierre ne savait pas ce qu'il disait. Il parlait encore lorsqu'un gros nuage noir descendit sur la montagne. Les disciples eurent très peur. Du nuage une voix cria: «Celui-ci est mon Fils, mon élu. Ecoutez-le!» Quand la voix se tut, ils ne virent plus que Jésus. Sur le moment, les disciples ne racontèrent à personne ce qu'ils avaient vu sur la montagne. (Lc 9, 28-36)

LA VIE AVEC DIEU ET AVEC LES HOMMES ENSEIGNEE PAR JESUS

68. A qui Dieu donne-t-il la vie éternelle?

Quelqu'un qui connaissait à fond les enseignements de Moïse voulut mettre Jésus à l'épreuve. Il lui demanda : «Que dois-je faire pour avoir la vie éternelle? « Jésus lui demanda: «Que dit l'Ecriture Sainte à ce sujet?» Le maître d'Ecriture Sainte répondit: «Tu aimeras Dieu de tout ton coeur, de toute ton âme et de toutes tes forces et tu aimeras ton prochain comme toi-même». «C'est exact» dit Jésus «et si tu fais vraiment cela, tu auras la vie éternelle». Mais le maître d'Ecriture Sainte ne voulait pas se montrer satisfait. Il demanda: «Et qui est donc mon prochain?»

Alors, Jésus raconta: «Un homme allait de Jérusalem à Jéricho. En cours de route, il fut attaqué par des brigands. Ils lui prirent tout, le battirent et le laissèrent à demi-mort. Un prêtre passa sur la route. Il vit le blessé mais continua son chemin. Un lévite passa lui aussi par là, le vit et ne s'arrêta pas. Enfin un samaritain, un étranger, arriva. Il vit le blessé et eut pitié de lui. Il s'en approcha, nettoya ses blessures et les banda. Puis il installa l'homme sur sa monture et le conduisit dans une auberge et là, il s'occupa de lui. Avant

de continuer sa route, le lendemain matin, il donna de l'argent à l'aubergiste et lui dit: Soigne ce blessé. Ce que tu dépenseras en plus, je te le rembourserai quand je repasserai par ici au retour».

Jésus demanda au maître d'Ecriture Sainte: «Qu'en penses-tu? Qui des trois s'est montré le prochain de cet homme?» Le maître répondit: «Celui qui a été bon pour lui». Jésus lui dit: «Va et fais comme lui». (Lc 10, 25-37)

69. Qui Dieu accueillera-t-il dans son royaume?

Jésus dit un jour: «Quand le Fils de l'homme reviendra, il rassemblera tous les peuples. Il jugera les hommes et les séparera comme un berger sépare les brebis des chèvres. Il groupera les uns à sa droite, les autres à sa gauche.

A ceux qui sont à sa droite, il dira: Venez ici! Le Père vous bénit. Vous vivrez dans son royaume; il a été préparé pour vous depuis la création du monde. Car j'avais faim, et vous m'avez donné à manger;

j'avais soif, et vous m'avez donné à boire; je n'avais ni patrie ni maison, et vous m'avez accueilli. J'étais nu et vous m'avez donné des vêtements. J'étais malade, et vous m'avez rendu visite; j'étais en prison, et vous êtes venus me voir. Alors tous ceux qui sont à sa droite demanderont: Seigneur, quand avons-nous fait cela? Il leur répondra: En vérité je vous le dis: tout ce que vous avez fait à l'un des plus petits de mes frères, c'est à moi que vous l'avez fait.

A ceux qui sont à sa gauche, il dira: Tout ce que vous n'avez pas fait à l'un des plus petits de mes frères, à moi non plus vous ne l'avez pas fait». (Mt 25, 31-45)

70. L'erreur d'un riche fermier

Jésus avertit tous ceux qui étaient avec lui: «Faites bien attention à ne pas devenir cupides. Car même un riche ne peut assurer sa propre vie». Et il raconta une histoire: «Dans les champs d'un homme riche le grain

poussait en grande quantité et il se demandait: Que vais-je en faire? Je ne sais pas où je vais stocker tout ce blé. Finalement, il lui vint une idée. Il se dit: Je vais démolir mes greniers et j'en construirai de plus grands. J'y entasserai le blé et toutes les autres provisions. Alors je serai rassuré et je pourrai me dire: je n'ai plus besoin de m'inquiéter maintenant, ces provisions suffisent pour de nombreuses années. Je n'ai plus à travailler. Je peux manger, boire et profiter de la vie. Mais Dieu dit à cet homme: Imbécile! Cette nuit-même tu vas mourir. A quoi vont te servir tes provisions?» Jésus dit: «C'est ce qui se passe avec tous les hommes qui amassent des richesses pour eux-mêmes au lieu de s'enrichir pour le royaume de Dieu». (Lc 12, 15-21)

71. La brebis perdue

Beaucoup de receveurs d'impôts et de pécheurs venaient près de Jésus et l'écoutaient. Les Pharisiens et les maîtres d'Ecriture Sainte étaient scandalisés et disaient: «Il fréquente des pécheurs et il mange même avec eux!»

Alors, Jésus raconta cette histoire: «Imaginez un homme qui a cent brebis. Si une brebis se perd, ne laisse-t-il pas les quatre-vingt-dix-neuf autres dans les champs pour aller chercher la brebis perdue, jusqu'à ce qu'il l'ait retrouvée? Quand il l'a retrouvée, il est heureux et la rapporte sur ses épaules. Et quand il rentre à la maison, il dit à ses amis et à ses voisins: Réjouissez-vous avec moi! Ma brebis était perdue et je l'ai retrouvée!» Jésus leur dit: «C'est la même chose pour Dieu au ciel. Il est heureux pour chaque pécheur qui change sa vie». (Lc 15, 1-7)

72. Le bon berger

Jésus dit: «Je suis le bon berger. Un bon berger est prêt à mourir pour ses brebis mais le berger qui ne travaille que pour son salaire se sauve quand il voit

venir le loup. Le loup peut alors dévorer les brebis et disperser le troupeau. Ce berger fuit car il n'est intéressé que par son salaire et non par les brebis. Je suis le bon berger. Je connais mes brebis et elles me connaissent. Je suis prêt à mourir pour mes brebis».

Les Juifs qui entendaient ce discours discutaient entre eux. Les uns disaient: «C'est un esprit mauvais qui parle par sa bouche. Il ne sait pas ce qu'il dit». D'autres pensaient: «Un possédé ne parle pas comme lui. Comment un esprit mauvais peut-il guérir les malades?» (Jn 10, 11-14; 19-21)

73. Le père et ses deux fils

Jésus raconta: «Un homme avait deux fils. Le plus jeune lui dit: Père, donne-moi ma part d'héritage. Le père partagea ce qu'il avait. Le plus jeune prit tout ce qu'il avait reçu et partit à l'étranger. Il voulait profiter de la vie et dépensait son argent sans compter.

Quand il eut tout dépensé, il y eut une grande famine. Cela allait mal pour le jeune homme et il se présenta chez un fermier en demandant du travail. Celui-ci l'envoya aux champs pour garder ses cochons. Il avait faim et aurait voulu manger la nourriture des cochons, mais personne ne lui en donnait. Alors, il réfléchit et se dit: Mon père a de nombreux ouvriers qui mangent à leur faim: avant de mourir de faim ici, je vais retourner chez mon père. Je lui dirai: Père, j'ai péché contre Dieu et contre toi. Laisse-moi travailler pour toi comme ouvrier.

Le père le vit venir de loin. Il eut pitié de son fils, courut à sa rencontre et l'embrassa. Le fils lui dit: Père, j'ai péché contre Dieu et contre toi. Je ne mérite plus d'être ton fils. Mais le père dit: Il faut faire une fête et se réjouir. Mon fils était mort et le voici vivant. Il était perdu et le voici retrouvé.

Quand le fils aîné rentra des champs, il entendit la musique et le joyeux vacarme. Il demanda à un serviteur: Qu'est-ce que cela veut dire? Le serviteur lui répondit: Ton frère est revenu et ton père donne une fête parce qu'il a retrouvé son fils. Alors, le fils aîné se mit en colère et ne voulut pas entrer dans la maison. Le père sortit et voulut tout lui expliquer, mais son fils lui adressa ces reproches: Durant toutes ces années, j'ai travaillé pour toi. Malgré cela, tu ne m'as jamais rien donné, même pas un chevreau, pour que je puisse inviter mes amis à une fête. Son père lui répondit: Tu es mon fils. Tu es toujours avec moi. Tout ce qui est à moi est à toi. Mais aujourd'hui, nous ne pouvons que nous réjouir et faire une fête. Car ton frère était mort, et le voici vivant. Il était perdu, et le voici retrouvé». (Lc 15, 11-32)

74. Le mendiant et le riche

Il était une fois un homme riche qui portait des vêtements magnifiques et avait tout ce qu'il voulait. Devant sa porte un pauvre du nom de Lazare était accroupi . Il était mal en point et couvert d'ulcères. Il avait tellement faim qu'il aurait bien voulu manger les déchets qui tombaient de la table du riche. Les chiens errants le poursuivaient et léchaient ses plaies.

Quand Lazare mourut, un ange vint et le conduisit au ciel, près d'Abraham. Le riche mourut aussi et fut enterré. Au séjour des morts, il souffrait de nombreux tourments. En levant les yeux, il vit Abraham et Lazare tout près de lui. Il s'écria: «Père Abraham, aie pitié de moi. Envoie-moi Lazare. Qu'il trempe son doigt dans l'eau pour me rafraîchir la langue car je souffre dans le feu de nombreux tourments». Mais Abraham lui répondit: «Souviens-toi! Pendant toute ta vie, tu as eu tout ce que tu désirais. Pour Lazare, c'était exactement le contraire. C'est pourquoi maintenant il trouve sa consolation. Il y a un profond abîme entre vous et nous. Personne ne peut aller d'ici chez vous ou venir de chez vous ici».

L'homme riche supplia encore: «Je t'en prie, Père, envoie Lazare dans la maison de mes parents. Qu'il avertisse mes cinq frères pour qu'ils ne finissent pas, eux aussi, dans ce lieu de tourments». Abraham répondit: «Ils ont les instructions de Moïse et des prophètes. Ils n'ont qu'à s'y tenir!» Le riche insista: «C'est vrai qu'ils ont les instructions de Moïse et des prophètes, mais si un mort leur apparaissait, ils changeraient de vie». Là-dessus, Abraham lui dit: «S'ils n'écoutent pas Moïse et les prophètes, ils ne se laisseront pas non plus convaincre, même si quelqu'un ressuscite d'entre les morts». (Lc 16, 19-31)

75. Celui qui se croyait juste et le receveur d'impôts

Un jour, Jésus rencontra quelques pharisiens. Ils croyaient qu'ils observaient tous les commandements et qu'ils pouvaient donc mépriser les autres hommes. Jésus leur raconta une histoire: «Deux hommes allaient au temple pour prier. L'un était pharisien. L'autre était receveur d'impôts. Le pharisien se plaça au premier rang et pria ainsi: Mon Dieu, je te remercie car je suis meilleur que les autres. Je ne vole pas, je ne trompe personne, je suis fidèle à ma femme et je ne suis pas non plus comme ce receveur d'impôts. Je jeûne deux fois par semaine et je donne la dixième partie de ce que je gagne pour le temple.

Le receveur d'impôts restait par derrière. Il baissait la tête, se frappait la poitrine et priait: Mon Dieu, je suis un pécheur! Aie pitié de moi». Jésus dit: «Oui, je vous le dis: ce receveur d'impôts rentra chez lui pardonné par Dieu. L'autre non». (Lc 18, 9-14)

76. Un aveugle croit

Jésus arriva près de la ville de Jéricho. Il y avait là un mendiant aveugle, assis au bord de la route. Quand il remarqua qu'il y avait beaucoup plus de passants que d'habitude, il demanda: «Que se passe-t-il?» On lui dit que Jésus de Nazareth arrivait dans la ville. Alors, l'aveugle se mit à crier: «Jésus, Fils de David! Aie pitié de moi!» Les gens qui marchaient devant Jésus le rabrouaient: «Tais-toi! Silence!» Mais

il criait encore plus fort: « Fils de David! Aie pitié de moi!»

Jésus s'arrêta et fit amener l'aveugle. Quand il se trouva devant lui, Jésus lui demanda: «Que veux-tu? Que dois-je faire pour toi?» L'aveugle répondit: «Seigneur, je voudrais voir!» Jésus répondit: «Tu vois! Ta foi t'a guéri». A partir de ce moment, l'aveugle retrouva la vue. Il accompagnait Jésus et louait Dieu. Et tous ceux qui étaient là louèrent Dieu également. (Lc 18, 35-43)

77. Zachée change de vie

Jésus traversait la ville de Jéricho. Là, vivait Zachée, le chef de tous les receveurs d'impôts. Il était très riche. Il aurait aimé voir Jésus, mais les gens ne le laissaient pas passer et Zachée était petit. C'est pourquoi il courut plus loin vers un endroit où devait passer Jésus. Il grimpa sur un figuier. Quand Jésus arriva à cet endroit, il s'arrêta, regarda en l'air et lui

dit: «Zachée, descends, car, aujourd'hui, je veux loger chez toi».

Zachée descendit bien vite de son arbre. Il était heureux parce que Jésus voulait être son invité. Mais les autres, en voyant cela, étaient révoltés: «Il va loger chez un pécheur!» Zachée dit à Jésus: «Seigneur, je vais donner aux pauvres la moitié de tout ce que j'ai. A ceux que j'ai trompés, je vais donner quatre fois plus». Jésus lui dit: «Aujourd'hui, vous avez vu, toi et ta famille, que Dieu sauve. Car je suis venu pour chercher et sauver ceux qui étaient perdus». (Lc 19, 1-10)

MORT - ENSEVELI - RESSUSCITE

78. Jésus vient à Jérusalem pour la Pâque

Peu de jours avant la fête de la Pâque, Jésus dit aux douze apôtres: «Maintenant nous montons à Jérusalem. Là, je serai livré aux grands prêtres et aux maîtres d'Ecriture Sainte. Ils me condamneront à mort et me remettront aux Romains. Ils se moqueront de moi, cracheront sur moi, me fouetteront et me tueront. Mais, après trois jours, je ressusciterai». (Mc 10, 32-34)

Quand ils s'approchèrent de la ville, Jésus envoya deux disciples en avant: «Allez au village. Vous y verrez un ânon que personne n'a encore monté. Détachez-le et conduisez-le moi. Si quelqu'un vous demande: Que faites-vous là? dites: Le Seigneur a besoin de cet animal. Il le rendra bientôt». Les deux disciples se rendirent au village. Ils trouvèrent l'ânon tout comme Jésus l'avait dit. Ils conduisirent l'animal à Jésus.

Jésus, assis sur l'ânon, monta vers Jérusalem. Les gens qui voyageaient avec lui et avec ses disciples étendirent leurs vêtements devant lui comme un tapis somptueux. Ils arrachaient des branches des buissons et les étalaient sur la rue. La foule qui accompagnait Jésus criait: «Hosanna! Béni soit celui qui vient au

nom du Seigneur! Loué soit le royaume de notre père David qui se réalise aujourd'hui! Hosanna au plus haut des cieux!» (Mc 11, 1-10)

79. L'apôtre Judas trahit son Seigneur

Deux jours avant la fête de la Pâque, les grands prêtres et les maîtres d'Ecriture Sainte se réunirent. Ils cherchaient une occasion de pouvoir, par ruse, prendre Jésus et le tuer. Ils dirent entre eux: «Cela ne peut pas se faire le jour de la fête, sinon les gens pourraient manifester!»

Un des douze apôtres, Judas Iscariote, alla chez les prêtres et leur dit: «Je suis prêt à vous livrer Jésus». Ils furent contents d'entendre cela et lui promirent une récompense: trente pièces d'argent. A partir de ce moment, Judas chercha une occasion favorable pour livrer Jésus. (Mc 14, 1-2.10-11)

80. La dernière Cène

Le jour où les Juifs immolent l'agneau pascal, Jésus dit à Pierre et à Jean: «Allez dans la ville. Vous y rencontrerez un homme portant une cruche d'eau. Suivez-le jusqu'à ce qu'il entre dans une maison. Demandez en mon nom au maître de maison où se trouve la salle où je pourrai célébrer la Pâque avec mes disciples. Il vous l'indiquera». Les deux disciples partirent et trouvèrent tout, comme Jésus l'avait dit. Ils préparèrent le repas pascal.

Le soir, Jésus se mit à table avec ses apôtres. Il leur dit: «J'ai désiré vivement prendre ce repas pascal avec vous avant de souffrir. Je vous le dis: je n'en prendrai plus avant que ne commence le Royaume de Dieu». Il prit le pain, rendit grâce, le rompit, le donna à ses disciples et dit : «Prenez et mangez-en tous: ceci est mon corps livré pour vous».

De même après le repas, il prit la coupe, rendit grâce à nouveau, et la donna à ses disciples en disant: «Prenez et buvez-en tous, car ceci est le calice de mon sang, le sang de l'alliance nouvelle et éternelle qui sera versé pour vous et pour tous, en rémission des péchés. Faites ceci en mémoire de moi».
(Lc 22, 7-20)

81. Le signe distinctif des disciples de Jésus

Après le repas, Jésus montra à ses disciples comment il les aimait et comment ils devaient s'aimer les uns les autres. Il se leva et se mit une serviette autour de la taille. Puis il remplit une bassine d'eau et se mit à laver les pieds de ses disciples. Simon-Pierre ne voulait pas accepter d'être servi de cette façon et protesta: «Toi, Seigneur, tu veux me laver les pieds?» Jésus répondit: «Plus tard tu comprendras ce que je te fais aujourd'hui». Pierre résista: «Jamais tu ne me laveras les pieds». Mais Jésus dit: «Si je ne te sers pas de cette façon-là, ta place n'est pas avec moi». Alors, Pierre dit: «Seigneur, si c'est

ainsi, ne me lave pas seulement les pieds, mais aussi les mains et la tête!»

Plus tard, alors que Jésus était de nouveau assis à table, il leur dit: «Comprenez-vous ce que je vous ai fait? Vous m'avez appelé Maître et Seigneur, et vous avez raison: je suis votre Seigneur et votre Maître. Comme je vous ai lavé les pieds, vous aussi vous devez vous servir et vous laver les pieds les uns les autres. Je vous ai donné un exemple. Aimez-vous les uns les autres! Vous devez vous aimer les uns les autres comme je vous ai aimés. Cela sera votre signe distinctif: si vous vous aimez ainsi, chacun verra que vous êtes mes disciples. Celui qui a l'amour le plus grand, c'est celui qui meurt pour ses amis. Vous êtes mes amis. Faites ce que je vous commande».

Jésus dit encore: «Je ne serai plus longtemps avec vous. Mais n'ayez pas peur. Croyez en Dieu et croyez en moi. Je vais au Père. Je vous prépare une place près de lui. Ensuite, je reviendrai vous prendre et vous serez pour toujours avec moi. Je demanderai au Père de vous envoyer un auxiliaire puissant: le Saint Esprit. Il est l'Esprit de Vérité. Il vous rappellera tout ce que je vous ai dit». (Jn 13-15)

82. Jésus prie au Mont des Oliviers

Après le repas, Jésus se rendit dans un jardin, au Mont des Oliviers. Ses disciples l'accompagnèrent. Arrivé là, Jésus leur dit: «Priez pour rester forts dans la tentation». Jésus alla alors plus loin dans le jardin, tout seul. Et là, il s'agenouilla et pria: «Père, si tu le veux, tu peux m'épargner la souffrance et la mort. Cependant, que ce ne soit pas ma volonté qui se fasse, mais la tienne!»

Dans sa peur de la mort, Jésus pria avec tant d'insistance que sa sueur était comme des gouttes de sang tombant sur le sol. Enfin, il se leva et retourna auprès de ses disciples. Ils dormaient, car la peur et l'inquié-

tude les avaient fatigués. Jésus leur dit: «Comment pouvez-vous dormir? Réveillez-vous et priez pour résister à l'épreuve qui va venir».

Jésus parlait encore avec ses disciples quand des hommes pénétrèrent dans le jardin. Judas Iscariote était à leur tête. Il se dirigea vers Jésus et voulut lui donner un baiser pour le saluer. Jésus lui demanda: «Judas, veux-tu me trahir par ce baiser?» Quand les disciples comprirent que ces hommes voulaient arrêter et emmener Jésus, ils demandèrent: «Seigneur, devons-nous te défendre?» L'un d'eux sortit son épée et coupa l'oreille droite d'un serviteur du grand prêtre. Mais Jésus s'opposa à eux: «Arrêtez!» Il toucha l'oreille du blessé et le guérit. Ensuite, il dit aux hommes armés: «Vous vous êtes armés d'épées et de bâtons pour me prendre. N'étais-je pas chaque jour chez vous au temple? Là, pourquoi n'avez-vous pas osé entreprendre quelque chose contre moi? Mais c'est votre heure maintenant, et le règne des ténèbres». (Lc 22, 39-53)

83. Pierre renie son Seigneur

Les hommes de la garde arrêtèrent Jésus et le conduisirent à la maison du grand prêtre. Pierre attendit quelque temps avant de les suivre de loin. Il y avait un feu dans la cour et Pierre s'assit près de ceux qui se chauffaient. Une servante vit Pierre et le reconnut: «Tu es bien l'un de ceux qui tiennent à Jésus?» Mais Pierre nia et dit: «Je ne le connais pas». Peu après, un autre le reconnut: «Tu es un des disciples de Jésus!» Pierre nia de nouveau: «Non, jamais de la vie!»

Une heure plus tard, un troisième lui dit: «Tu étais avec lui. Tu es bien, aussi, originaire de Galilée. Pierre protesta: «Je ne sais pas de quoi tu parles». Au même moment un coq chanta. Et Pierre se rappela que Jésus lui avait dit: «Avant que le coq chante au matin, tu m'auras renié trois fois». Pierre se leva et sortit. Il pleurait amèrement. (Lc 22, 54-62)

84. Jésus devant le grand Conseil

Lorsqu'il fit jour, les anciens du peuple, les grands prêtres et les maîtres d'Ecriture Sainte se réunirent. Ils firent amener Jésus et lui dirent: «Si tu es le sauveur que Dieu a promis à son peuple, dis-le nous». Jésus répondit: «Même si je vous le dis vous ne me croirez pas! Et si je vous interroge vous ne me répondrez pas. Mais, à partir de maintenant, le Fils de l'homme siègera à la droite de Dieu». Ils lui demandèrent alors: «Tu es donc le Fils de Dieu?» Jésus répondit: «Vous le dites, je le suis». Tous s'écrièrent: «Nous n'avons pas besoin de témoins contre lui. Nous avons tous entendu ce qu'il a dit». (Lc 22, 66-71)

85. Le procès devant Pilate

Les chefs du peuple conduisirent Jésus à Ponce Pilate, le gouverneur romain, et ils l'accusèrent: «Il excite le peuple! Il prétend qu'il est le sauveur, le

roi!» Pilate demanda à Jésus: «Es-tu roi?» Jésus lui répondit: «Mon royaume n'est pas de ce monde. Sinon mes serviteurs combattraient pour moi. Je suis roi, et je suis venu dans le monde pour rendre témoignage à la vérité. Tous ceux qui tiennent à la vérité écoutent ce que je dis». Pilate demanda alors : «Qu'est-ce-que la vérité?»

Pilate dit à ceux qui l'accusaient: «Je ne trouve en lui aucune raison de le déclarer coupable. Chaque année, à la fête de la Pâque, je relâche un de vos prisonniers. Voulez-vous que, pour cette Pâque-ci, j'acquitte le roi des Juifs?» Ils crièrent: «Pas Jésus! Relâche Barrabas!» Or Barrabas était un brigand. Alors Pilate libéra Barrabas et ordonna qu'on fouette Jésus. Les soldats, pour se moquer de lui, tressèrent une couronne d'épines et la lui mirent sur la tête. Ils lui mirent un manteau rouge sur les épaules et se moquèrent de lui: «Salut, roi des Juifs!» Et ils le frappèrent au visage.

Pilate présenta Jésus à ses accusateurs et dit: «Voici l'homme!» Mais ils crièrent: «Crucifie-le». Pilate dit: «Alors, prenez-le et crucifiez-le. Moi, je ne trouve aucune raison de le condamner». Mais ils lui répliquèrent: «Nous avons une loi qui dit qu'il doit mourir. Il a dit lui-même qu'il est le Fils de Dieu». Ils insistèrent tellement que Pilate prit peur et qu'il condamna Jésus à mourir sur la croix. (Jn 18, 28-19, 16)

86. Jésus meurt sur la croix

Jésus, portant sa croix, sortit de la ville pour aller sur une colline appelée Golgotha. Et là, ils le crucifièrent. Deux criminels furent exécutés avec lui. Leurs croix se trouvaient à gauche et à droite de celle de Jésus. Pilate fit clouer un écriteau sur la croix de Jésus. Il portait ces mots: «C'est Jésus de Nazareth, le roi des Juifs». A cause de cela les grands prêtres se fachèrent et dirent à Pilate: «Change l'inscription et écris: «Il a prétendu être le roi des Juifs». Mais Pilate refusa: «Ce que j'ai écrit est écrit».

Quatre femmes se tenaient près de la croix de Jésus: sa mère, la soeur de sa mère, la femme de Clopas et Marie-Madeleine. Le disciple que Jésus aimait se trouvait près de sa mère. Quand Jésus les vit, il dit à sa mère: «A partir de maintenant, voici ton fils». Et au disciple il dit: «A partir de maintenant, voici ta mère». A partir de ce moment-là, le disciple prit Marie près de lui et s'occupa d'elle.

Jésus savait qu'il avait accompli sa mission. Il dit : «Tout est accompli!» Puis, il inclina la tête et mourut. (Jn 19, 17-30)

87. Jésus est enseveli

Joseph d'Arimathie était un homme influent. Il était membre du grand conseil des Juifs, mais il attendait lui aussi que vienne le règne de Dieu. Le soir, il se rendit chez Pilate et lui demanda: «Permets-moi de descendre de la croix le corps de Jésus et de l'ensevelir». Pilate permit à Joseph d'ensevelir le corps de Jésus. Joseph acheta un linceul, descendit le corps de Jésus de la croix, l'enveloppa dans le linceul et le déposa dans un tombeau taillé dans le roc. Ensuite, il roula une grande pierre devant l'entrée du tombeau. Or, deux femmes, Marie-Madeleine et Marie, la mère de Joset, l'observaient et virent où il avait déposé le corps de Jésus. (Mc 15, 42-47)

88. Le message de l'ange

Quand le sabbat fut passé, Marie-Madeleine, Marie, la mère de Jacques, et Salomé achetèrent du parfum. Elles voulaient se rendre au tombeau pour embaumer le corps de Jésus. Tôt le matin, au lever du soleil, elles arrivèrent à la tombe. En cours de route, elles se demandaient: «Qui nous roulera la pierre à l'entrée du tombeau?»

Quand elles arrivèrent à la tombe, elles virent que la pierre avait été roulée de côté. Elles entrèrent dans

la tombe et virent un jeune homme assis à droite, vêtu d'une robe blanche. Elles furent saisies de stupeur. Mais l'ange leur dit: «N'ayez pas peur! Vous cherchez Jésus de Nazareth qui est mort sur la croix. Il n'est pas ici. Il est ressuscité. Voyez: c'est ici que se trouvait son corps! Faites demi-tour et dites à ses disciples, surtout à Pierre, qu'il vous précède en Galilée. Là, vous le verrez, comme il vous l'a dit». Les femmes, angoissées et effrayées s'enfuirent du tombeau. Et elles ne dirent rien à personne, car elles avaient peur. (Mc 16, 1-8)

89. Deux disciples rencontrent le ressuscité

Le même jour, deux disciples se rendaient de Jérusalem à Emmaüs. En cours de route, ils parlaient de tout ce qu'ils avaient vécu à Jérusalem. Jésus arriva et se mit à marcher avec eux. Mais les deux disciples ne le reconnurent pas. Il leur demanda: «De quoi parlez-vous?» Et ils s'arrêtèrent, le visage triste. L'un des deux appelé Cléophas, lui demanda: «Ne sais-tu vraiment pas ce qui s'est passé à Jérusalem?» L'étranger répondit: «Que veux-tu dire?»

Les disciples racontèrent: «Nous parlons de Jésus de Nazareth. C'était un prophète. Il parlait et agissait, puissant devant Dieu et devant les hommes. Il a été condamné à mort et exécuté. Nous espérions qu'il serait le sauveur. Et voici déjà trois jours que ces choses se sont passées. Aujourd'hui, tôt le matin, quelques femmes du groupe des disciples se sont rendues à la tombe. Elles n'ont pas trouvé le corps. Elles ont affirmé qu'elles avaient vu un ange et appris de ce messager de Dieu que Jésus était vivant. Puis, quelques disciples sont allés à la tombe. Ils ont tout trouvé comme les femmes l'avaient raconté. Mais, lui, ils ne l'ont pas vu».

Alors l'étranger dit aux disciples: «Ne comprenez-vous pas ce qui arrive? Ne croyez-vous pas à la parole des prophètes? Le Messie devait souffrir tout cela.

C'est pourquoi Dieu lui donne gloire, puissance et vie». Puis il leur expliqua ce qui est écrit dans l'Ecriture Sainte au sujet du Messie. Les trois voyageurs finirent par arriver au village d'Emmaüs. Jésus fit semblant d'aller plus loin. Mais les deux disciples insistèrent: «Reste donc avec nous, car déjà la nuit tombe et c'est la fin du jour».

Jésus entra avec eux dans la maison et resta avec eux. Puis, assis à leur table, il prit le pain. Il dit la bénédiction, rompit le pain et le leur donna. Alors, leurs yeux s'ouvrirent et ils reconnurent le Seigneur! Mais ensuite, ils ne le virent plus. Ils se dirent l'un à l'autre: «Notre coeur n'était-il pas tout brûlant quand il nous expliquait ce que veut dire la parole de Dieu?»

Cette nuit-là encore, les deux disciples repartirent pour Jérusalem. Ils y trouvèrent réunis les onze apôtres et de nombreux disciples. Ceux-ci leur dirent: «C'est vrai! Le Seigneur est ressuscité! Il a rencontré Pierre». Et tous les deux racontèrent alors ce qu'ils avaient vécu sur la route d'Emmaüs et comment ils avaient reconnu Jésus quand il avait rompu le pain pour eux. (Lc 24, 13-35)

90. Rencontre à Jérusalem

Les disciples étaient réunis à Jérusalem. Comme ils avaient peur, ils avaient fermé les portes. Soudain, Jésus se trouva avec eux et leur dit: «La paix soit avec vous». Il leur montra les plaies de ses mains. Les disciples se réjouirent quand ils reconnurent leur Seigneur. Jésus leur dit une deuxième fois: «La paix soit avec vous. Comme le Père m'a envoyé, je vous envoie». Il leur dit encore: «Recevez l'Esprit Saint. Tous ceux à qui vous remettez les péchés, ils leur sont remis de la part de Dieu. Tous ceux à qui vous ne les remettez pas, ils ne leur sont pas remis». (Jn 20, 19-23)

91. Le Seigneur envoie ses messagers à toutes les nations

Les onze apôtres se rendirent en Galilée, sur la montagne où le Seigneur les avait convoqués. Là, ils virent Jésus. Ils tombèrent à genoux devant lui, mais quelques-uns avaient encore des doutes à son sujet. Il s'approcha d'eux et leur dit: «Le Père m'a donné tout pouvoir sur le ciel et sur la terre et, par ce pouvoir, je vous envoie: allez dans toutes les nations! Faites de tous les hommes mes disciples! Baptisez-les au nom du Père, du Fils et du Saint Esprit. Enseignez-les et dites-leur tout ce que je vous ai appris, pour qu'ils puissent vivre comme je vous l'ai montré. Soyez-en sûrs, je ne vous laisse pas seuls. Je reste avec vous tous les jours, jusqu'à la fin de ce monde». (Mt 28, 16-20)

JESUS RESTE AVEC NOUS

92. L'adieu aux apôtres

Quarante jours étaient passés depuis Pâques. C'est à ce moment là que le Seigneur vint rencontrer ses disciples. Il leur dit: «Restez à Jérusalem et attendez l'auxiliaire que le Père vous enverra. Dans le Jourdain, Jean a baptisé avec de l'eau. Vous serez baptisés dans l'Esprit Saint. Vous serez mes témoins, ici à Jérusalem et dans tous les pays, jusqu'au bout du monde».

Après avoir dit cela à ses disciples, il fut enlevé au ciel. Un nuage arriva et le cacha. Fascinés, les disciples fixèrent le ciel. Deux hommes vêtus de blanc leur apparurent et leur dirent: «Pourquoi restez-vous ainsi à regarder le ciel. Ce Jésus qui vous a quittés pour aller au ciel reviendra et vous le reconnaîtrez». (Ac 1, 1-11)

93. Le nouveau peuple de Dieu: l'Eglise de Jésus-Christ

Le jour de la Pentecôte, tous les disciples de Jésus, hommes et femmes, étaient réunis dans la même maison, avec Marie, la mère de Jésus. Ils attendaient l'auxiliaire que Jésus leur avait promis. Alors, tout à coup, un bruit énorme vint du ciel, comme une grande tempête. Toute la maison en était remplie. Des langues de feu apparurent et se divisèrent pour se poser sur chacun d'eux. Ils furent tous remplis de l'Esprit Saint et louèrent Dieu et son Fils Jésus Christ.

Beaucoup de gens étaient venus à Jérusalem, de pays lointains, pour la fête. Les gens se pressaient devant la maison où se trouvaient les disciples. Ils furent tous bouleversés, car chacun d'eux entendait les disciples de Jésus lui parler dans sa propre langue. Stupéfaits, ils se disaient les uns aux autres: «Qu'est-

ce que cela signifie?» Alors Pierre se mit à parler et dit d'une voix forte: «Ecoutez-moi! Je vais vous l'expliquer. Aujourd'hui se réalise ce que le prophète Joël, envoyé par Dieu, avait annoncé: à la fin des temps, Dieu donnera son Esprit à tous les hommes. Souvenez-vous de Jésus de Nazareth. Il est venu, sur l'ordre de Dieu, et il a accompli les oeuvres de Dieu; vous l'avez vécu. Dieu a donné son Fils, mais vous l'avez accusé et fait condamner par les Romains. Il est mort sur la croix, mais Dieu l'a ressuscité d'entre les morts, nous en sommes tous témoins. Dieu l'a exalté et c'est lui le Messie».

Les paroles de Pierre touchèrent le coeur de beaucoup de gens. Ils demandèrent: «Frères, que devons-nous faire?» Pierre leur répondit: «Changez votre vie. Faites-vous baptiser au nom de Jésus Christ pour le pardon de vos péchés. Alors il vous donnera le Saint Esprit». Beaucoup écoutèrent Pierre et se firent baptiser. Ils furent trois mille ce jour-là à se joindre à la communauté de Jésus Christ. (Ac 2)

94. Vivre avec Jésus et mourir pour lui

A partir de ce moment-là, les apôtres commencèrent leur activité à Jérusalem. Ils guérissaient les malades et donnaient leur témoignage sur la vie et la mort de Jésus. Les gens étaient de plus en plus nombreux à croire. Les grands prêtres et les maîtres d'Israël voulaient que les gens oublient Jésus. Ils arrêtèrent les apôtres, les interrogèrent et leur interdirent d'enseigner au nom de Jésus. Mais les apôtres ne se soucièrent pas de cette interdiction. Etienne, l'un des premiers diacres, fut tué à coups de pierre. Avant de s'écrouler sous les coups, il s'écria: «Je vois le ciel ouvert. Je vois le Fils de l'Homme, il est à la droite de Dieu. Seigneur Jésus, accueille-moi!»

A Jérusalem, la communauté de Jésus fut persécutée. Tous ceux qui confessaient leur foi furent chassés de la ville. Mais partout où ils arrivaient, ils annonçaient ce que, par Jésus Christ, Dieu avait fait pour les hommes. Dans tous ces lieux ils fondèrent de nouvelles communautés. (Ac 2-8)

95. Paul, l'apôtre des nations

Paul était un juif pieux. Il connaissait très bien l'Ecriture Sainte et avait la conviction que Jésus ne pouvait pas être le sauveur et qu'au contraire il trompait le peuple. Paul allait de ville en ville pour détourner de leur foi ou punir ceux qui croyaient en Jésus. En route vers Damas pour y repérer les chrétiens et les conduire comme prisonniers à Jérusalem, il fit une expérience qui changea toute sa vie. Une lumière du ciel l'enveloppa. Il tomba par terre et entendit cette voix : «Pourquoi me persécutes-tu?»

Paul ne savait pas ce qui lui arrivait. Il demanda: «Seigneur, qui es-tu?» Et il entendit cette réponse: «Je suis Jésus que tu persécutes. Mais maintenant, relève-toi et va dans la ville. Tu y apprendras ce que tu dois faire». Paul alla à Damas. Il y trouva Ananie, un disciple de Jésus. Ananie ne voulait pas croire que

Paul avait rencontré Jésus et qu'il était devenu son disciple. Mais le Seigneur lui dit: « C'est moi qui l'ai choisi. Il fera connaître mon nom à tous les peuples ». Ananie accueillit Paul dans la Communauté.

Désormais il ne fut plus le persécuteur des chrétiens, mais le prédicateur de Jésus Christ. A Damas et dans les autres villes, il annonçait Jésus Christ comme Sauveur. Il devint prédicateur itinérant et parlait dans les maisons de prière des Juifs. Il fonda des communautés chrétiennes et fit en sorte que Juifs, Grecs et gens de tous les peuples de la terre fassent partie du nouveau peuple de Dieu.

Paul fut persécuté et chassé d'une ville à l'autre jusqu'en Grèce. Il écrivait des lettres aux communautés qu'il avait fondées. Dans ces lettres, il exhorte les communautés et les fortifie dans la foi. Il dit ce que signifie pour les hommes la foi en Jésus Christ et ce que veut dire vivre en chrétien. Finalement, Paul fut arrêté à Jérusalem et envoyé à Rome comme prisonnier. C'est là qu'il fut condamné et exécuté. Il mourut pour Jésus Christ. (Ac 9-28)

96. Paul écrit aux communautés

«Jésus est mort, il est ressuscité et il trône à la droite du Père où il intercède pour nous. Qui nous séparera de l'amour du Christ: la détresse, l'angoisse, la faim, le froid, la persécution, la mort? Nous pouvons triompher de tout cela, parce qu'il nous aime. J'en suis certain: aucune puissance au monde ne peut nous séparer de lui». (Rm 8, 34, 39)

«Vous croyez en Jésus Christ, ainsi vous êtes des filles et des fils de Dieu. Vous êtes baptisés et vous faites partie de la communauté de Jésus Christ. Dans cette communauté, on ne demande plus si quelqu'un est Juif ou Grec, esclave ou libre, homme ou femme, car tous deviennent un dans le Christ». (Ga 3, 26-28)

«Restez toujours joyeux. Priez sans cesse. Remerciez pour tout. Voilà ce que Dieu attend de ceux qui confessent leur foi en Jésus Christ. Restez ouverts à ce

que l'Esprit vous dit. Vérifiez tout et retenez ce qui est bon. Gardez-vous du mal». (1 Th 5, 16-22)

«L'amour du Christ nous presse. En effet, nous avons reconnu qu'un seul est mort pour nous afin que les vivants ne vivent plus pour eux-mêmes, mais pour celui qui est mort et ressuscité pour eux». (2 Co 5, 14-15)

«Chers frères, réjouissez-vous, encouragez-vous, ne vous disputez pas et vivez en paix! Alors, le Dieu de l'amour et de la paix sera avec vous. Que la grâce de Jésus Christ, le Seigneur, l'amour de Dieu et la communion de l'Esprit Saint soient avec vous tous!» (2 Co 13, 11.13)

97. Nous ne vivons pas comme ceux qui n'ont pas d'espérance

Dieu donne la vie. Tout ce qui vit, vit par lui. «Mais notre vie dure soixante-dix ans, quatre-vingts ans pour les plus forts, et la plus grande partie est faite de peines et de chagrins. Tout passe vite, comme un oiseau qui vole». (Ps 90, 10)

Tous les humains doivent mourir. Ils se demandent: «La mort est-elle plus forte que Dieu?» Mais les croyants sont sûrs que la vie de Dieu est plus forte que la mort. L'amour de Dieu n'abandonne personne. Un psaume exprime bien ce que beaucoup espèrent: «Tu ne m'abandonnes pas au séjour des morts, tu ne laisses pas pour toujours dans la tombe celui qui croit en toi. Tu me montres le chemin de la vie. Auprès de toi je trouve une joie abondante. Ta main droite m'est favorable en tout temps». (Ps 16, 10-11)

L'apôtre Paul écrit: «Frères, ne pleurez pas vos morts comme ceux qui n'ont pas d'espérance. En effet, si Jésus est mort et ressuscité, comme nous le croyons fermement, Dieu amènera aussi les morts auprès de lui par Jésus Christ et avec lui». (1 Th 4, 13-14)

Lorsque les prophètes d'Israël parlent du «jour du Seigneur», ils veulent dire ceci: il s'agit du jour où toutes les puissances terrestres périront parce que Dieu vient pour rassembler son peuple et pour établir son règne. Le «jour du Seigneur» est le «dernier jour» de notre monde périssable. Alors, Dieu transformera la création avec ses injustices, ses péchés, ses souffrances.

En ce jour, les cieux enflammés se dissoudront et les éléments enflammés fondront. Alors, nous attendrons, selon la promesse de Dieu, «un ciel nouveau et une terre nouvelle où habite la justice». (2 Pe 3, 12-13)

Les disciples de Jésus se montraient impatients. Ils lui demandèrent: «Dis-nous quand arrivera le royaume de Dieu?» Jésus leur répondit: «Personne ne connaît ni le jour, ni l'heure, même pas les anges du ciel. Même pas le Fils, mais seulement le Père». (Mt 24, 36; Mc 13, 32)

«Vous pouvez faire une chose: être attentifs, car vous ne savez pas quel jour viendra votre Seigneur». (Mt 24, 42)

Quand le Seigneur de la création viendra pour achever son oeuvre, il jugera les vivants et les morts. Lors de ce jugement, les hommes sauront qu'il n'y a qu'un seul Seigneur et un seul amour. Ils sauront qu'il n'y a qu'un seul malheur: le malheur d'être exclu de sa communauté, et un seul bonheur: le bonheur de la vie dans sa communauté.

Ainsi l'apôtre Paul écrit: «Dieu ne nous a pas destinés au jugement de sa colère, mais à ce que nous obtenions le salut par Jésus Christ, notre Seigneur. Il est mort pour nous afin que nous vivions unis à lui». (1 Th 5, 9-10)

Jésus dit à un père qui pleurait son enfant mort: «Ne crains pas, aie seulement la foi». (Mc 5,36)

98. Le monde nouveau de Dieu

Le visionnaire Jean contemple le monde nouveau de Dieu. Il écrit: «Je vis un ciel nouveau et une terre nouvelle. Le premier ciel, la vieille terre et aussi la mer n'existaient plus. Je vis la nouvelle Jérusalem qui descendait du ciel, de chez Dieu. Et j'entendis une voix forte qui proclamait: «Voyez, à partir de maintenant, Dieu habite avec les hommes. Ils seront son peuple et il sera pour toujours avec eux. Il essuiera toute larme de leurs yeux. Il n'y aura plus de mort, plus de pleurs, plus de plainte et plus de détresse. Tout ce qui était auparavant est maintenant passé». Et celui qui était assis à côté du trône s'exclama: «Voici que je fais toute chose nouvelle».

Oui! Viens, Seigneur Jésus! (Ap 21, 1-5)

TABLE DES MATIERES

LIVRES DE L'ANCIEN TESTAMENT

AU COMMENCEMENT
1. Dieu crée le monde 3
2. Le Paradis: cadeau de Dieu aux hommes 4
3. Les hommes perdent le Paradis 6
4. Caïn et Abel 7
5. Noé et le déluge 8

LES PATRIARCHES
6. Dieu appelle Abraham .. 10
7. Dieu conclut une alliance avec Abraham 11
8. La confiance d'Abraham 12
9. Isaac, Esaü et Jacob 13
10. Joseph arrive en Egypte 15
11. Jacob descend en Egypte avec ses fils 17

MOISE CONDUIT SON PEUPLE A TRAVERS LE DESERT
12. Dieu sauve Moïse 19
13. Dieu envoie Moïse 20
14. Rends la liberté à mon peuple! 21
15. La première nuit pascale 22
16. Dieu sauve son peuple .. 23
17. Dieu prend soin de son peuple 25
18. Dieu choisit son peuple . 26
19. Des règles pour vivre 27
20. La mort de Moïse 28

ROIS ET PROPHETES
21. En terre promise 29
22. Le peuple veut un roi 30
23. David, berger de Bethléem 31
24. David, roi à Jérusalem .. 32
25. Un psaume de David 33
26. Salomon construit une maison pour Dieu 33
27. Proverbes de Salomon .. 34
28. Deux rois pour un peuple 35
29. Le Dieu vivant 35
30. Le Dieu puissant 36
31. Le Dieu unique 36
32. Dieu rappelle à lui Elie . 38
33. Les affamés sont rassasiés 38
34. Un signe de Dieu pour son peuple 39
35. Le prophète Amos accuse 39
36. Jérémie met en garde contre le châtiment de Dieu 40
37. Dieu veut pardonner à son peuple 40
38. Retour de Babylone 41
39. Chant du retour 42

L'ATTENTE DU MESSIE
40. Le peuple juif 42
41. Job demande une réponse à Dieu 43
42. Jonas apprend à connaître Dieu 45
43. Le règne de Dieu 47
44. Le chant du serviteur de Dieu 48
45. Le monde nouveau de Dieu 48

LIVRES DU NOUVEAU TESTAMENT

DIEU TIENT PAROLE: JESUS EST LE MESSIE
46. Il est le Fils du Très-Haut 49
47. Il s'appelle Emmanuel: «Dieu avec nous» 50
48. Il naît à Bethléem 50
49. Il est le roi des Juifs 52

50.	Il est persécuté	53	
51.	Il appartient à Dieu	53	
52.	La profession de foi de Jean-Baptiste	54	
53.	Le témoignage du Père	55	

JESUS GUERIT ET ENSEIGNE: «CHANGEZ VOTRE VIE»

54. Le message de Jésus 56
55. Des pêcheurs décident de suivre Jésus 56
56. Un paralytique marche . 57
57. Jésus appelle un pécheur 58
58. Jésus choisit douze apôtres 59
59. Jésus choisit un peuple . 59
60. Règles de vie de Jésus ... 61
61. La prière des disciples .. 61
62. Jésus rend la vie à un mort 62
63. Pourquoi avez-vous peur? 62
64. Les affamés sont rassasiés 63
65. Le pain de vie 64
66. La profession de foi des disciples 65
67. Le témoignage du Père . 65

LA VIE AVEC DIEU ET AVEC LES HOMMES ENSEIGNEE PAR JESUS

68. A qui Dieu donne-t-il la vie éternelle? 66
69. Qui Dieu accueillera-t-il dans son Royaume? 67
70. L'erreur d'un riche fermier 68
71. La brebis perdue 69
72. Le bon berger 69
73. Le père et ses deux fils .. 70
74. Le mendiant et le riche . 71
75. Celui qui se croyait juste et le receveur d'impôts . 72
76. Un aveugle croit 73
77. Zachée change de vie 74

MORT - ENSEVELI - RESSUSCITE

78. Jésus vient à Jérusalem pour la Pâque 75
79. L'apôtre Judas trahit son Seigneur 76
80. La dernière Cène 77
81. Le signe distinctif des disciples de Jésus 77
82. Jésus prie au Mont des Oliviers 79
83. Pierre renie son Seigneur 80
84. Jésus devant le grand conseil 81
85. Le procès devant Pilate . 81
86. Jésus meurt sur la croix 82
87. Jésus est enseveli 83
88. Le message de l'ange 84
89. Deux disciples rencontrent le ressuscité 85
90. Rencontre à Jérusalem . 87
91. Le seigneur envoie ses messagers à toutes les nations 87

JESUS RESTE AVEC NOUS

92. L'adieu aux apôtres 88
93. Le nouveau peuple de Dieu: l'Eglise de Jésus Christ 88
94. Vivre avec Jésus et mourir pour lui 90
95. Paul, l'apôtre des nations 90
96. Paul écrit aux communautés 91
97. Nous ne vivons pas comme ceux qui n'ont pas d'espérance 92
98. Le monde nouveau de Dieu 94